中华人民共和国科学技术进步法

含新旧对照

中国法制出版社
CHINA LEGAL PUBLISHING HOUSE

图书在版编目（CIP）数据

中华人民共和国科学技术进步法：含新旧对照/中国法制出版社编．—北京：中国法制出版社，2022.1

ISBN 978-7-5216-2460-1

Ⅰ.①中… Ⅱ.①中… Ⅲ.①科学技术管理法规-国 Ⅳ.①D922.174

中国版本图书馆 CIP 数据核字（2021）第 277227 号

责任编辑 刘晓霞　　封面设计 李 宁

中华人民共和国科学技术进步法：含新旧对照

ZHONGHUA RENMIN GONGHEGUO KEXUE JISHU JINBUFA：HAN XINJIU DUIZHAO

经销/新华书店

印刷/北京海纳百川印刷有限公司

开本/850 毫米×1168 毫米 32 开　　印张/ 3 字数/ 63 千

版次/2022 年 1 月第 1 版　　2022 年 1 月第 1 次印刷

中国法制出版社出版

书号 ISBN 978-7-5216-2460-1　　定价：12.00 元

北京市西城区西便门西里甲 16 号西便门办公区

邮政编码：100053　　传真：010-63141852

网址：http：//www.zgfzs.com　　**编辑部电话：010-63141664**

市场营销部电话：010-63141612　　**印务部电话：010-63141606**

（如有印装质量问题，请与本社印务部联系。）

目　　录

中华人民共和国主席令（第一〇三号）　……………（1）

中华人民共和国科学技术进步法……………………（2）

（2021 年 12 月 24 日）

关于《中华人民共和国科学技术进步法（修订草案）》的说明 ………………………………（36）

（2021 年 8 月 17 日）

全国人民代表大会宪法和法律委员会关于《中华人民共和国科学技术进步法（修订草案）》审议结果的报告 ………………………………（45）

（2021 年 12 月 20 日）

全国人民代表大会宪法和法律委员会关于《中华人民共和国科学技术进步法（修订草案二次审议稿）》修改意见的报告 …………………（52）

（2021 年 12 月 24 日）

《中华人民共和国科学技术进步法》新旧对照表……（56）

中华人民共和国主席令

第一〇三号

《中华人民共和国科学技术进步法》已由中华人民共和国第十三届全国人民代表大会常务委员会第三十二次会议于 2021 年 12 月 24 日修订通过，现予公布，自 2022 年 1 月 1 日起施行。

中华人民共和国主席　习近平

2021 年 12 月 24 日

中华人民共和国科学技术进步法

（1993年7月2日第八届全国人民代表大会常务委员会第二次会议通过　2007年12月29日第十届全国人民代表大会常务委员会第三十一次会议第一次修订　2021年12月24日第十三届全国人民代表大会常务委员会第三十二次会议第二次修订）

目　　录

第一章　总　　则

第二章　基础研究

第三章　应用研究与成果转化

第四章　企业科技创新

第五章　科学技术研究开发机构

第六章　科学技术人员

第七章　区域科技创新

第八章　国际科学技术合作

第九章　保障措施

第十章　监督管理
第十一章　法律责任
第十二章　附　　则

第一章　总　　则

第一条　为了全面促进科学技术进步，发挥科学技术第一生产力、创新第一动力、人才第一资源的作用，促进科技成果向现实生产力转化，推动科技创新支撑和引领经济社会发展，全面建设社会主义现代化国家，根据宪法，制定本法。

第二条　坚持中国共产党对科学技术事业的全面领导。

国家坚持新发展理念，坚持科技创新在国家现代化建设全局中的核心地位，把科技自立自强作为国家发展的战略支撑，实施科教兴国战略、人才强国战略和创新驱动发展战略，走中国特色自主创新道路，建设科技强国。

第三条　科学技术进步工作应当面向世界科技前沿、面向经济主战场、面向国家重大需求、面向人民生命健康，为促进经济社会发展、维护国家安全和推动人类可持续发展服务。

国家鼓励科学技术研究开发，推动应用科学技术改造提升传统产业、发展高新技术产业和社会事业，支撑实现碳达峰碳中和目标，催生新发展动能，实现高质量发展。

第四条　国家完善高效、协同、开放的国家创新体系，统筹科技创新与制度创新，健全社会主义市场经济条件下新型举国体制，充分发挥市场配置创新资源的决定性作用，更好发挥政府作用，优化科技资源配置，提高资源利用效率，促进各类创新主体紧密合作、创新要素有序流动、创新生态持续优化，提升体系化能力和重点突破能力，增强创新体系整体效能。

国家构建和强化以国家实验室、国家科学技术研究开发机构、高水平研究型大学、科技领军企业为重要组成部分的国家战略科技力量，在关键领域和重点方向上发挥战略支撑引领作用和重大原始创新效能，服务国家重大战略需要。

第五条　国家统筹发展和安全，提高科技安全治理能力，健全预防和化解科技安全风险的制度机制，加强科学技术研究、开发与应用活动的安全管理，支持国家安全领域科技创新，增强科技创新支撑国家安全的能力和水平。

第六条　国家鼓励科学技术研究开发与高等教育、产业发展相结合，鼓励学科交叉融合和相互促进。

国家加强跨地区、跨行业和跨领域的科学技术合作，扶持革命老区、民族地区、边远地区、欠发达地区的科学技术进步。

国家加强军用与民用科学技术协调发展，促进军用与民用科学技术资源、技术开发需求的互通交流和技术双向转移，发展军民两用技术。

第七条 国家遵循科学技术活动服务国家目标与鼓励自由探索相结合的原则，超前部署重大基础研究、有重大产业应用前景的前沿技术研究和社会公益性技术研究，支持基础研究、前沿技术研究和社会公益性技术研究持续、稳定发展，加强原始创新和关键核心技术攻关，加快实现高水平科技自立自强。

第八条 国家保障开展科学技术研究开发的自由，鼓励科学探索和技术创新，保护科学技术人员自由探索等合法权益。

科学技术研究开发机构、高等学校、企业事业单位和公民有权自主选择课题，探索未知科学领域，从事基础研究、前沿技术研究和社会公益性技术研究。

第九条 学校及其他教育机构应当坚持理论联系实际，注重培养受教育者的独立思考能力、实践能力、创新能力和批判性思维，以及追求真理、崇尚创新、实事求是的科学精神。

国家发挥高等学校在科学技术研究中的重要作用，鼓励高等学校开展科学研究、技术开发和社会服务，培养具有社会责任感、创新精神和实践能力的高级专门人才。

第十条 科学技术人员是社会主义现代化建设事业的重要人才力量，应当受到全社会的尊重。

国家坚持人才引领发展的战略地位，深化人才发展体制机制改革，全方位培养、引进、用好人才，营造符合科技创新规律和人才成长规律的环境，充分发挥人才第一资源作用。

第十一条 国家营造有利于科技创新的社会环境，鼓励机关、群团组织、企业事业单位、社会组织和公民参与和支持科学技术进步活动。

全社会都应当尊重劳动、尊重知识、尊重人才、尊重创造，形成崇尚科学的风尚。

第十二条 国家发展科学技术普及事业，普及科学技术知识，加强科学技术普及基础设施和能力建设，提高全体公民特别是青少年的科学文化素质。

科学技术普及是全社会的共同责任。国家建立健全科学技术普及激励机制，鼓励科学技术研究开发机构、高等学校、企业事业单位、社会组织、科学技术人员等积极参与和支持科学技术普及活动。

第十三条 国家制定和实施知识产权战略，建立和完善知识产权制度，营造尊重知识产权的社会环境，保护知识产权，激励自主创新。

企业事业单位、社会组织和科学技术人员应当增强知识产权意识，增强自主创新能力，提高创造、运用、保护、管理和服务知识产权的能力，提高知识产权质量。

第十四条 国家建立和完善有利于创新的科学技术评价制度。

科学技术评价应当坚持公开、公平、公正的原则，以科技创新质量、贡献、绩效为导向，根据不同科学技术活动的特点，实行分类评价。

第十五条 国务院领导全国科学技术进步工作，制定中长期科学和技术发展规划、科技创新规划，确定国家科学技术重大项目、与科学技术密切相关的重大项目。中长期科学和技术发展规划、科技创新规划应当明确指导方针，发挥战略导向作用，引导和统筹科技发展布局、资源配置和政策制定。

县级以上人民政府应当将科学技术进步工作纳入国民经济和社会发展规划，保障科学技术进步与经济建设和社会发展相协调。

地方各级人民政府应当采取有效措施，加强对科学技术进步工作的组织和管理，优化科学技术发展环境，推进科学技术进步。

第十六条 国务院科学技术行政部门负责全国科学技术进步工作的宏观管理、统筹协调、服务保障和监督实施；国务院其他有关部门在各自的职责范围内，负责有关的科学技术进步工作。

县级以上地方人民政府科学技术行政部门负责本行政区域的科学技术进步工作；县级以上地方人民政府其他有关部门在各自的职责范围内，负责有关的科学技术进步工作。

第十七条 国家建立科学技术进步工作协调机制，研究科学技术进步工作中的重大问题，协调国家科学技术计划项目的设立及相互衔接，协调科学技术资源配置、科学技术研究开发机构的整合以及科学技术研究开发与高等教育、产业发展相结合等重大事项。

第十八条 每年5月30日为全国科技工作者日。

国家建立和完善科学技术奖励制度，设立国家最高科学技术奖等奖项，对在科学技术进步活动中做出重要贡献的组织和个人给予奖励。具体办法由国务院规定。

国家鼓励国内外的组织或者个人设立科学技术奖项，对科学技术进步活动中做出贡献的组织和个人给予奖励。

第二章 基础研究

第十九条 国家加强基础研究能力建设，尊重科学发展规律和人才成长规律，强化项目、人才、基地系统布局，为基础研究发展提供良好的物质条件和有力的制度保障。

国家加强规划和部署，推动基础研究自由探索和目标导向有机结合，围绕科学技术前沿、经济社会发展、国家安全重大需求和人民生命健康，聚焦重大关键技术问题，加强新兴和战略产业等领域基础研究，提升科学技术的源头供给能力。

国家鼓励科学技术研究开发机构、高等学校、企业等发挥自身优势，加强基础研究，推动原始创新。

第二十条 国家财政建立稳定支持基础研究的投入机制。

国家鼓励有条件的地方人民政府结合本地区经济社会发展需要，合理确定基础研究财政投入，加强对基础研究的支持。

国家引导企业加大基础研究投入，鼓励社会力量通过捐赠、设立基金等方式多渠道投入基础研究，给予财政、金融、税收等政策支持。

逐步提高基础研究经费在全社会科学技术研究开发经费总额中的比例，与创新型国家和科技强国建设要求相适应。

第二十一条 国家设立自然科学基金，资助基础研究，支持人才培养和团队建设。确定国家自然科学基金资助项目，应当坚持宏观引导、自主申请、平等竞争、同行评审、择优支持的原则。

有条件的地方人民政府结合本地区经济社会实际情况和发展需要，可以设立自然科学基金，支持基础研究。

第二十二条 国家完善学科布局和知识体系建设，推进学科交叉融合，促进基础研究与应用研究协调发展。

第二十三条 国家加大基础研究人才培养力度，强化对基础研究人才的稳定支持，提高基础研究人才队伍质量和水平。

国家建立满足基础研究需要的资源配置机制，建立与基础研究相适应的评价体系和激励机制，营造潜心基础研究的良好环境，鼓励和吸引优秀科学技术人员投身基础研究。

第二十四条 国家强化基础研究基地建设。

国家完善基础研究的基础条件建设，推进开放共享。

第二十五条 国家支持高等学校加强基础学科建设和基础研究人才培养，增强基础研究自主布局能力，推动高等学校基础研究高质量发展。

第三章 应用研究与成果转化

第二十六条 国家鼓励以应用研究带动基础研究，促进基础研究与应用研究、成果转化融通发展。

国家完善共性基础技术供给体系，促进创新链产业链深度融合，保障产业链供应链安全。

第二十七条 国家建立和完善科研攻关协调机制，围绕经济社会发展、国家安全重大需求和人民生命健康，加强重点领域项目、人才、基地、资金一体化配置，推动产学研紧密合作，推动关键核心技术自主可控。

第二十八条 国家完善关键核心技术攻关举国体制，组织实施体现国家战略需求的科学技术重大任务，系统布局具有前瞻性、战略性的科学技术重大项目，超前部署关键核心技术研发。

第二十九条 国家加强面向产业发展需求的共性技术平台和科学技术研究开发机构建设，鼓励地方围绕发展需求建设应用研究科学技术研究开发机构。

国家鼓励科学技术研究开发机构、高等学校加强共性基础技术研究，鼓励以企业为主导，开展面向市场和产业化应用的研究开发活动。

第三十条 国家加强科技成果中试、工程化和产业化开发及应用，加快科技成果转化为现实生产力。

利用财政性资金设立的科学技术研究开发机构和高等学校，应当积极促进科技成果转化，加强技术转移机构和人才队伍建设，建立和完善促进科技成果转化制度。

第三十一条 国家鼓励企业、科学技术研究开发机构、高等学校和其他组织建立优势互补、分工明确、成果共享、风险共担的合作机制，按照市场机制联合组建研究开发平台、技术创新联盟、创新联合体等，协同推进研究开发与科技成果转化，提高科技成果转移转化成效。

第三十二条 利用财政性资金设立的科学技术计划项目所形成的科技成果，在不损害国家安全、国家利益和重大社会公共利益的前提下，授权项目承担者依法取得相关知识产权，项目承担者可以依法自行投资实施转化、向他人转让、联合他人共同实施转化、许可他人使用或者作价投资等。

项目承担者应当依法实施前款规定的知识产权，同时采取保护措施，并就实施和保护情况向项目管理机构提交年度报告；在合理期限内没有实施且无正当理由的，国家可以无偿实施，也可以许可他人有偿实施或者无偿实施。

项目承担者依法取得的本条第一款规定的知识产权，为了国家安全、国家利益和重大社会公共利益的需要，国家可以无偿实施，也可以许可他人有偿实施或者无偿实施。

项目承担者因实施本条第一款规定的知识产权所产生的利益分配，依照有关法律法规规定执行；法律法规没有规定的，按照约定执行。

第三十三条 国家实行以增加知识价值为导向的分配政策，按照国家有关规定推进知识产权归属和权益分配机制改革，探索赋予科学技术人员职务科技成果所有权或者长期使用权制度。

第三十四条 国家鼓励利用财政性资金设立的科学技术计划项目所形成的知识产权首先在境内使用。

前款规定的知识产权向境外的组织或者个人转让，或者许可境外的组织或者个人独占实施的，应当经项目管理机构批准；法律、行政法规对批准机构另有规定的，依照其规定。

第三十五条 国家鼓励新技术应用，按照包容审慎原则，推动开展新技术、新产品、新服务、新模式应用试验，为新技术、新产品应用创造条件。

第三十六条 国家鼓励和支持农业科学技术的应用研究，传播和普及农业科学技术知识，加快农业科技成果转化和产业化，促进农业科学技术进步，利用农业科学技术引领乡村振兴和农业农村现代化。

县级以上人民政府应当采取措施，支持公益性农业科学技术研究开发机构和农业技术推广机构进行农业新品种、新技术的研究开发、应用和推广。

地方各级人民政府应当鼓励和引导农业科学技术服务机构、科技特派员和农村群众性科学技术组织为种植业、林业、畜牧业、渔业等的发展提供科学技术服务，为农民提供科学技术培训和指导。

第三十七条 国家推动科学技术研究开发与产品、服务标准制定相结合，科学技术研究开发与产品设计、制造相结合；引导科学技术研究开发机构、高等学校、企业和社会组织共同推进国家重大技术创新产品、服务标准的研究、制定和依法采用，参与国际标准制定。

第三十八条 国家培育和发展统一开放、互联互通、竞争有序的技术市场，鼓励创办从事技术评估、技术经纪和创新创业服务等活动的中介服务机构，引导建立社会化、专业化、网络化、信息化和智能化的技术交易服务体系和创新创业服务体系，推动科技成果的应用和推广。

技术交易活动应当遵循自愿平等、互利有偿和诚实信用的原则。

第四章 企业科技创新

第三十九条 国家建立以企业为主体，以市场为导向，企业同科学技术研究开发机构、高等学校紧密合作的技术创新体系，引导和扶持企业技术创新活动，支持企业牵头国家科技攻关任务，发挥企业在技术创新中的主体作用，推动企业成为技术创新决策、科研投入、组织科研和成果转化的主体，促进各类创新要素向企业集聚，提高企业技术创新能力。

国家培育具有影响力和竞争力的科技领军企业，充分发挥科技领军企业的创新带动作用。

第四十条 国家鼓励企业开展下列活动：

（一）设立内部科学技术研究开发机构；

（二）同其他企业或者科学技术研究开发机构、高等学校开展合作研究，联合建立科学技术研究开发机构和平台，设立科技企业孵化机构和创新创业平台，或者以委托等方式开展科学技术研究开发；

（三）培养、吸引和使用科学技术人员；

（四）同科学技术研究开发机构、高等学校、职业院校或者培训机构联合培养专业技术人才和高技能人才，吸引高等学校毕业生到企业工作；

（五）设立博士后工作站或者流动站；

（六）结合技术创新和职工技能培训，开展科学技术普及活动，设立向公众开放的普及科学技术的场馆或者设施。

第四十一条 国家鼓励企业加强原始创新，开展技术合作与交流，增加研究开发和技术创新的投入，自主确立研究开发课题，开展技术创新活动。

国家鼓励企业对引进技术进行消化、吸收和再创新。

企业开发新技术、新产品、新工艺发生的研究开发费用可以按照国家有关规定，税前列支并加计扣除，企业科学技术研究开发仪器、设备可以加速折旧。

第四十二条 国家完善多层次资本市场，建立健全促进科技创新的机制，支持符合条件的科技型企业利用资本市场推动自身发展。

国家加强引导和政策扶持，多渠道拓宽创业投资资金来源，对企业的创业发展给予支持。

国家完善科技型企业上市融资制度，畅通科技型企业国内上市融资渠道，发挥资本市场服务科技创新的融资功能。

第四十三条 下列企业按照国家有关规定享受税收优惠：

（一）从事高新技术产品研究开发、生产的企业；

（二）科技型中小企业；

（三）投资初创科技型企业的创业投资企业；

（四）法律、行政法规规定的与科学技术进步有关的其他企业。

第四十四条 国家对公共研究开发平台和科学技术中介、创新创业服务机构的建设和运营给予支持。

公共研究开发平台和科学技术中介、创新创业服务机构应当为中小企业的技术创新提供服务。

第四十五条 国家保护企业研究开发所取得的知识产权。企业应当不断提高知识产权质量和效益，增强自主创新能力和市场竞争能力。

第四十六条 国有企业应当建立健全有利于技术创新

的研究开发投入制度、分配制度和考核评价制度，完善激励约束机制。

国有企业负责人对企业的技术进步负责。对国有企业负责人的业绩考核，应当将企业的创新投入、创新能力建设、创新成效等情况纳入考核范围。

第四十七条 县级以上地方人民政府及其有关部门应当创造公平竞争的市场环境，推动企业技术进步。

国务院有关部门和省级人民政府应当通过制定产业、财政、金融、能源、环境保护和应对气候变化等政策，引导、促使企业研究开发新技术、新产品、新工艺，进行技术改造和设备更新，淘汰技术落后的设备、工艺，停止生产技术落后的产品。

第五章 科学技术研究开发机构

第四十八条 国家统筹规划科学技术研究开发机构布局，建立和完善科学技术研究开发体系。

国家在事关国家安全和经济社会发展全局的重大科技创新领域建设国家实验室，建立健全以国家实验室为引领、全国重点实验室为支撑的实验室体系，完善稳定支持机制。

利用财政性资金设立的科学技术研究开发机构，应当坚持以国家战略需求为导向，提供公共科技供给和应急科技支撑。

第四十九条 自然人、法人和非法人组织有权依法设立科学技术研究开发机构。境外的组织或者个人可以在中国境内依法独立设立科学技术研究开发机构，也可以与中国境内的组织或者个人联合设立科学技术研究开发机构。

从事基础研究、前沿技术研究、社会公益性技术研究的科学技术研究开发机构，可以利用财政性资金设立。利用财政性资金设立科学技术研究开发机构，应当优化配置，防止重复设置。

科学技术研究开发机构、高等学校可以设立博士后流动站或者工作站。科学技术研究开发机构可以依法在国外设立分支机构。

第五十条 科学技术研究开发机构享有下列权利：

（一）依法组织或者参加学术活动；

（二）按照国家有关规定，自主确定科学技术研究开发方向和项目，自主决定经费使用、机构设置、绩效考核及薪酬分配、职称评审、科技成果转化及收益分配、岗位设置、人员聘用及合理流动等内部管理事务；

（三）与其他科学技术研究开发机构、高等学校和企业联合开展科学技术研究开发、技术咨询、技术服务等活动；

（四）获得社会捐赠和资助；

（五）法律、行政法规规定的其他权利。

第五十一条 科学技术研究开发机构应当依法制定章程，按照章程规定的职能定位和业务范围开展科学技术研究开发活动；加强科研作风学风建设，建立和完善科研诚信、科技伦理管理制度，遵守科学研究活动管理规范；不得组织、参加、支持迷信活动。

利用财政性资金设立的科学技术研究开发机构开展科学技术研究开发活动，应当为国家目标和社会公共利益服务；有条件的，应当向公众开放普及科学技术的场馆或者设施，组织开展科学技术普及活动。

第五十二条 利用财政性资金设立的科学技术研究开发机构，应当建立职责明确、评价科学、开放有序、管理规范的现代院所制度，实行院长或者所长负责制，建立科学技术委员会咨询制和职工代表大会监督制等制度，并吸收外部专家参与管理、接受社会监督；院长或者所长的聘用引入竞争机制。

第五十三条 国家完善利用财政性资金设立的科学技术研究开发机构的评估制度，评估结果作为机构设立、支持、调整、终止的依据。

第五十四条 利用财政性资金设立的科学技术研究开发机构，应当建立健全科学技术资源开放共享机制，促进科学技术资源的有效利用。

国家鼓励社会力量设立的科学技术研究开发机构，在合理范围内实行科学技术资源开放共享。

第五十五条 国家鼓励企业和其他社会力量自行创办科学技术研究开发机构，保障其合法权益。

社会力量设立的科学技术研究开发机构有权按照国家有关规定，平等竞争和参与实施利用财政性资金设立的科学技术计划项目。

国家完善对社会力量设立的非营利性科学技术研究开发机构税收优惠制度。

第五十六条 国家支持发展新型研究开发机构等新型创新主体，完善投入主体多元化、管理制度现代化、运行机制市场化、用人机制灵活化的发展模式，引导新型创新主体聚焦科学研究、技术创新和研发服务。

第六章 科学技术人员

第五十七条 国家营造尊重人才、爱护人才的社会环境，公正平等、竞争择优的制度环境，待遇适当、保障有力的生活环境，为科学技术人员潜心科研创造良好条件。

国家采取多种措施，提高科学技术人员的社会地位，培养和造就专门的科学技术人才，保障科学技术人员投入科技创新和研究开发活动，充分发挥科学技术人员的作用。禁止以任何方式和手段不公正对待科学技术人员及其科技成果。

第五十八条 国家加快战略人才力量建设，优化科学技术人才队伍结构，完善战略科学家、科技领军人才等创新人才和团队的培养、发现、引进、使用、评价机制，实施人才梯队、科研条件、管理机制等配套政策。

第五十九条 国家完善创新人才教育培养机制，在基础教育中加强科学兴趣培养，在职业教育中加强技术技能人才培养，强化高等教育资源配置与科学技术领域创新人才培养的结合，加强完善战略性科学技术人才储备。

第六十条 各级人民政府、企业事业单位和社会组织应当采取措施，完善体现知识、技术等创新要素价值的收益分配机制，优化收入结构，建立工资稳定增长机制，提高科学技术人员的工资水平；对有突出贡献的科学技术人员给予优厚待遇和荣誉激励。

利用财政性资金设立的科学技术研究开发机构和高等学校的科学技术人员，在履行岗位职责、完成本职工作、不发生利益冲突的前提下，经所在单位同意，可以从事兼职工作获得合法收入。技术开发、技术咨询、技术服务等活动的奖酬金提取，按照科技成果转化有关规定执行。

国家鼓励科学技术研究开发机构、高等学校、企业等采取股权、期权、分红等方式激励科学技术人员。

第六十一条 各级人民政府和企业事业单位应当保障科学技术人员接受继续教育的权利，并为科学技术人员的合理、畅通、有序流动创造环境和条件，发挥其专长。

第六十二条 科学技术人员可以根据其学术水平和业务能力选择工作单位、竞聘相应的岗位，取得相应的职务或者职称。

科学技术人员应当信守工作承诺，履行岗位责任，完成职务或者职称相应工作。

第六十三条 国家实行科学技术人员分类评价制度，对从事不同科学技术活动的人员实行不同的评价标准和方式，突出创新价值、能力、贡献导向，合理确定薪酬待遇、配置学术资源、设置评价周期，形成有利于科学技术人员潜心研究和创新的人才评价体系，激发科学技术人员创新活力。

第六十四条 科学技术行政等有关部门和企业事业单位应当完善科学技术人员管理制度，增强服务意识和保障能力，简化管理流程，避免重复性检查和评估，减轻科学技术人员项目申报、材料报送、经费报销等方面的负担，保障科学技术人员科研时间。

第六十五条 科学技术人员在艰苦、边远地区或者恶劣、危险环境中工作，所在单位应当按照国家有关规定给予补贴，提供其岗位或者工作场所应有的职业健康卫生保护和安全保障，为其接受继续教育、业务培训等提供便利条件。

第六十六条 青年科学技术人员、少数民族科学技术人员、女性科学技术人员等在竞聘专业技术职务、参与科学技术评价、承担科学技术研究开发项目、接受继续教育等方面享有平等权利。鼓励老年科学技术人员在科学技术进步中发挥积极作用。

各级人民政府和企业事业单位应当为青年科学技术人员成长创造环境和条件，鼓励青年科学技术人员在科技领域勇于探索、敢于尝试，充分发挥青年科学技术人员的作用。发现、培养和使用青年科学技术人员的情况，应当作为评价科学技术进步工作的重要内容。

各级人民政府和企业事业单位应当完善女性科学技术人员培养、评价和激励机制，关心孕哺期女性科学技术人员，鼓励和支持女性科学技术人员在科学技术进步中发挥更大作用。

第六十七条　科学技术人员应当大力弘扬爱国、创新、求实、奉献、协同、育人的科学家精神，坚守工匠精神，在各类科学技术活动中遵守学术和伦理规范，恪守职业道德，诚实守信；不得在科学技术活动中弄虚作假，不得参加、支持迷信活动。

第六十八条　国家鼓励科学技术人员自由探索、勇于承担风险，营造鼓励创新、宽容失败的良好氛围。原始记录等能够证明承担探索性强、风险高的科学技术研究开发项目的科学技术人员已经履行了勤勉尽责义务仍不能完成该项目的，予以免责。

第六十九条　科研诚信记录作为对科学技术人员聘任专业技术职务或者职称、审批科学技术人员申请科学技术研究开发项目、授予科学技术奖励等的重要依据。

第七十条　科学技术人员有依法创办或者参加科学技术社会团体的权利。

科学技术协会和科学技术社会团体按照章程在促进学术交流、推进学科建设、推动科技创新、开展科学技术普及活动、培养专门人才、开展咨询服务、加强科学技术人员自律和维护科学技术人员合法权益等方面发挥作用。

科学技术协会和科学技术社会团体的合法权益受法律保护。

第七章　区域科技创新

第七十一条　国家统筹科学技术资源区域空间布局，推动中央科学技术资源与地方发展需求紧密衔接，采取多种方式支持区域科技创新。

第七十二条　县级以上地方人民政府应当支持科学技术研究和应用，为促进科技成果转化创造条件，为推动区域创新发展提供良好的创新环境。

第七十三条　县级以上人民政府及其有关部门制定的与产业发展相关的科学技术计划，应当体现产业发展的需求。

县级以上人民政府及其有关部门确定科学技术计划项目，应当鼓励企业平等竞争和参与实施；对符合产业发展需求、具有明确市场应用前景的项目，应当鼓励企业联合科学技术研究开发机构、高等学校共同实施。

地方重大科学技术计划实施应当与国家科学技术重大任务部署相衔接。

第七十四条　国务院可以根据需要批准建立国家高新技术产业开发区、国家自主创新示范区等科技园区，并对科技园区的建设、发展给予引导和扶持，使其形成特色和优势，发挥集聚和示范带动效应。

第七十五条 国家鼓励有条件的县级以上地方人民政府根据国家发展战略和地方发展需要，建设重大科技创新基地与平台，培育创新创业载体，打造区域科技创新高地。

国家支持有条件的地方建设科技创新中心和综合性科学中心，发挥辐射带动、深化创新改革和参与全球科技合作作用。

第七十六条 国家建立区域科技创新合作机制和协同互助机制，鼓励地方各级人民政府及其有关部门开展跨区域创新合作，促进各类创新要素合理流动和高效集聚。

第七十七条 国家重大战略区域可以依托区域创新平台，构建利益分享机制，促进人才、技术、资金等要素自由流动，推动科学仪器设备、科技基础设施、科学工程和科技信息资源等开放共享，提高科技成果区域转化效率。

第七十八条 国家鼓励地方积极探索区域科技创新模式，尊重区域科技创新集聚规律，因地制宜选择具有区域特色的科技创新发展路径。

第八章　国际科学技术合作

第七十九条 国家促进开放包容、互惠共享的国际科学技术合作与交流，支撑构建人类命运共同体。

第八十条 中华人民共和国政府发展同外国政府、国际组织之间的科学技术合作与交流。

国家鼓励科学技术研究开发机构、高等学校、科学技术社会团体、企业和科学技术人员等各类创新主体开展国际科学技术合作与交流，积极参与科学研究活动，促进国际科学技术资源开放流动，形成高水平的科技开放合作格局，推动世界科学技术进步。

第八十一条 国家鼓励企业事业单位、社会组织通过多种途径建设国际科技创新合作平台，提供国际科技创新合作服务。

鼓励企业事业单位、社会组织和科学技术人员参与和发起国际科学技术组织，增进国际科学技术合作与交流。

第八十二条 国家采取多种方式支持国内外优秀科学技术人才合作研发，应对人类面临的共同挑战，探索科学前沿。

国家支持科学技术研究开发机构、高等学校、企业和科学技术人员积极参与和发起组织实施国际大科学计划和大科学工程。

国家完善国际科学技术研究合作中的知识产权保护与科技伦理、安全审查机制。

第八十三条 国家扩大科学技术计划对外开放合作，鼓励在华外资企业、外籍科学技术人员等承担和参与科学技术计划项目，完善境外科学技术人员参与国家科学技术计划项目的机制。

第八十四条 国家完善相关社会服务和保障措施，鼓励在国外工作的科学技术人员回国，吸引外籍科学技术人员到中国从事科学技术研究开发工作。

科学技术研究开发机构及其他科学技术组织可以根据发展需要，聘用境外科学技术人员。利用财政性资金设立的科学技术研究开发机构、高等学校聘用境外科学技术人员从事科学技术研究开发工作的，应当为其工作和生活提供方便。

外籍杰出科学技术人员到中国从事科学技术研究开发工作的，按照国家有关规定，可以优先获得在华永久居留权或者取得中国国籍。

第九章 保障措施

第八十五条 国家加大财政性资金投入，并制定产业、金融、税收、政府采购等政策，鼓励、引导社会资金投入，推动全社会科学技术研究开发经费持续稳定增长。

第八十六条 国家逐步提高科学技术经费投入的总体水平；国家财政用于科学技术经费的增长幅度，应当高于国家财政经常性收入的增长幅度。全社会科学技术研究开发经费应当占国内生产总值适当的比例，并逐步提高。

第八十七条 财政性科学技术资金应当主要用于下列事项的投入：

（一）科学技术基础条件与设施建设；

（二）基础研究和前沿交叉学科研究；

（三）对经济建设和社会发展具有战略性、基础性、前瞻性作用的前沿技术研究、社会公益性技术研究和重大共性关键技术研究；

（四）重大共性关键技术应用和高新技术产业化示范；

（五）关系生态环境和人民生命健康的科学技术研究开发和成果的应用、推广；

（六）农业新品种、新技术的研究开发和农业科技成果的应用、推广；

（七）科学技术人员的培养、吸引和使用；

（八）科学技术普及。

对利用财政性资金设立的科学技术研究开发机构，国家在经费、实验手段等方面给予支持。

第八十八条 设立国家科学技术计划，应当按照国家需求，聚焦国家重大战略任务，遵循科学研究、技术创新和成果转化规律。

国家建立科学技术计划协调机制和绩效评估制度，加强专业化管理。

第八十九条 国家设立基金，资助中小企业开展技术创新，推动科技成果转化与应用。

国家在必要时可以设立支持基础研究、社会公益性技术研究、国际联合研究等方面的其他非营利性基金，资助科学技术进步活动。

第九十条 从事下列活动的，按照国家有关规定享受税收优惠：

（一）技术开发、技术转让、技术许可、技术咨询、技术服务；

（二）进口国内不能生产或者性能不能满足需要的科学研究、技术开发或者科学技术普及的用品；

（三）为实施国家重大科学技术专项、国家科学技术计划重大项目，进口国内不能生产的关键设备、原材料或者零部件；

（四）科学技术普及场馆、基地等开展面向公众开放的科学技术普及活动；

（五）捐赠资助开展科学技术活动；

（六）法律、国家有关规定规定的其他科学研究、技术开发与科学技术应用活动。

第九十一条 对境内自然人、法人和非法人组织的科技创新产品、服务，在功能、质量等指标能够满足政府采购需求的条件下，政府采购应当购买；首次投放市场的，政府采购应当率先购买，不得以商业业绩为由予以限制。

政府采购的产品尚待研究开发的，通过订购方式实施。采购人应当优先采用竞争性方式确定科学技术研究开发机构、高等学校或者企业进行研究开发，产品研发合格后按约定采购。

第九十二条 国家鼓励金融机构开展知识产权质押融

资业务，鼓励和引导金融机构在信贷、投资等方面支持科学技术应用和高新技术产业发展，鼓励保险机构根据高新技术产业发展的需要开发保险品种，促进新技术应用。

第九十三条 国家遵循统筹规划、优化配置的原则，整合和设置国家科学技术研究实验基地。

国家鼓励设置综合性科学技术实验服务单位，为科学技术研究开发机构、高等学校、企业和科学技术人员提供或者委托他人提供科学技术实验服务。

第九十四条 国家根据科学技术进步的需要，按照统筹规划、突出共享、优化配置、综合集成、政府主导、多方共建的原则，统筹购置大型科学仪器、设备，并开展对以财政性资金为主购置的大型科学仪器、设备的联合评议工作。

第九十五条 国家加强学术期刊建设，完善科研论文和科学技术信息交流机制，推动开放科学的发展，促进科学技术交流和传播。

第九十六条 国家鼓励国内外的组织或者个人捐赠财产、设立科学技术基金，资助科学技术研究开发和科学技术普及。

第九十七条 利用财政性资金设立的科学技术研究开发机构、高等学校和企业，在推进科技管理改革、开展科学技术研究开发、实施科技成果转化活动过程中，相关负责人锐意创新探索，出现决策失误、偏差，但尽到合理注意义务和监督管理职责，未牟取非法利益的，免除其决策责任。

第十章 监督管理

第九十八条 国家加强科技法治化建设和科研作风学风建设，建立和完善科研诚信制度和科技监督体系，健全科技伦理治理体制，营造良好科技创新环境。

第九十九条 国家完善科学技术决策的规则和程序，建立规范的咨询和决策机制，推进决策的科学化、民主化和法治化。

国家改革完善重大科学技术决策咨询制度。制定科学技术发展规划和重大政策，确定科学技术重大项目、与科学技术密切相关的重大项目，应当充分听取科学技术人员的意见，发挥智库作用，扩大公众参与，开展科学评估，实行科学决策。

第一百条 国家加强财政性科学技术资金绩效管理，提高资金配置效率和使用效益。财政性科学技术资金的管理和使用情况，应当接受审计机关、财政部门的监督检查。

科学技术行政等有关部门应当加强对利用财政性资金设立的科学技术计划实施情况的监督，强化科研项目资金协调、评估、监管。

任何组织和个人不得虚报、冒领、贪污、挪用、截留财政性科学技术资金。

第一百零一条 国家建立科学技术计划项目分类管理机制，强化对项目实效的考核评价。利用财政性资金设立的科学技术计划项目，应当坚持问题导向、目标导向、需求导向进行立项，按照国家有关规定择优确定项目承担者。

国家建立科技管理信息系统，建立评审专家库，健全科学技术计划项目的专家评审制度和评审专家的遴选、回避、保密、问责制度。

第一百零二条 国务院科学技术行政部门应当会同国务院有关主管部门，建立科学技术研究基地、科学仪器设备等资产和科学技术文献、科学技术数据、科学技术自然资源、科学技术普及资源等科学技术资源的信息系统和资源库，及时向社会公布科学技术资源的分布、使用情况。

科学技术资源的管理单位应当向社会公布所管理的科学技术资源的共享使用制度和使用情况，并根据使用制度安排使用；法律、行政法规规定应当保密的，依照其规定。

科学技术资源的管理单位不得侵犯科学技术资源使用者的知识产权，并应当按照国家有关规定确定收费标准。管理单位和使用者之间的其他权利义务关系由双方约定。

第一百零三条 国家建立科技伦理委员会，完善科技伦理制度规范，加强科技伦理教育和研究，健全审查、评估、监管体系。

科学技术研究开发机构、高等学校、企业事业单位等应当履行科技伦理管理主体责任，按照国家有关规定建立健全科技伦理审查机制，对科学技术活动开展科技伦理审查。

第一百零四条 国家加强科研诚信建设，建立科学技术项目诚信档案及科研诚信管理信息系统，坚持预防与惩治并举、自律与监督并重，完善对失信行为的预防、调查、处理机制。

县级以上地方人民政府和相关行业主管部门采取各种措施加强科研诚信建设，企业事业单位和社会组织应当履行科研诚信管理的主体责任。

任何组织和个人不得虚构、伪造科研成果，不得发布、传播虚假科研成果，不得从事学术论文及其实验研究数据、科学技术计划项目申报验收材料等的买卖、代写、代投服务。

第一百零五条 国家建立健全科学技术统计调查制度和国家创新调查制度，掌握国家科学技术活动基本情况，监测和评价国家创新能力。

国家建立健全科技报告制度，财政性资金资助的科学技术计划项目的承担者应当按照规定及时提交报告。

第一百零六条 国家实行科学技术保密制度，加强科学技术保密能力建设，保护涉及国家安全和利益的科学技术秘密。

国家依法实行重要的生物种质资源、遗传资源、数据资源等科学技术资源和关键核心技术出境管理制度。

第一百零七条 禁止危害国家安全、损害社会公共利益、危害人体健康、违背科研诚信和科技伦理的科学技术研究开发和应用活动。

从事科学技术活动，应当遵守科学技术活动管理规范。对严重违反科学技术活动管理规范的组织和个人，由科学技术行政等有关部门记入科研诚信严重失信行为数据库。

第十一章　法律责任

第一百零八条　违反本法规定，科学技术行政等有关部门及其工作人员，以及其他依法履行公职的人员滥用职权、玩忽职守、徇私舞弊的，对直接负责的主管人员和其他直接责任人员依法给予处分。

第一百零九条　违反本法规定，滥用职权阻挠、限制、压制科学技术研究开发活动，或者利用职权打压、排挤、刁难科学技术人员的，对直接负责的主管人员和其他直接责任人员依法给予处分。

第一百一十条　违反本法规定，虚报、冒领、贪污、挪用、截留用于科学技术进步的财政性资金或者社会捐赠资金的，由有关主管部门责令改正，追回有关财政性资金，责令退还捐赠资金，给予警告或者通报批评，并可以暂停拨款，终止或者撤销相关科学技术活动；情节严重的，依法处以罚款，禁止一定期限内承担或者参与财政性资金支持的科学技术活动；对直接负责的主管人员和其他直接责任人员依法给予行政处罚和处分。

第一百一十一条　违反本法规定，利用财政性资金和国有资本购置大型科学仪器、设备后，不履行大型科学仪器、设备等科学技术资源共享使用义务的，由有关主管部门责令改正，给予警告或者通报批评，对直接负责的主管人员和其他直接责任人员依法给予处分。

第一百一十二条 违反本法规定，进行危害国家安全、损害社会公共利益、危害人体健康、违背科研诚信和科技伦理的科学技术研究开发和应用活动的，由科学技术人员所在单位或者有关主管部门责令改正；获得用于科学技术进步的财政性资金或者有违法所得的，由有关主管部门终止或者撤销相关科学技术活动，追回财政性资金，没收违法所得；情节严重的，由有关主管部门向社会公布其违法行为，依法给予行政处罚和处分，禁止一定期限内承担或者参与财政性资金支持的科学技术活动、申请相关科学技术活动行政许可；对直接负责的主管人员和其他直接责任人员依法给予行政处罚和处分。

违反本法规定，虚构、伪造科研成果，发布、传播虚假科研成果，或者从事学术论文及其实验研究数据、科学技术计划项目申报验收材料等的买卖、代写、代投服务的，由有关主管部门给予警告或者通报批评，处以罚款；有违法所得的，没收违法所得；情节严重的，吊销许可证件。

第一百一十三条 违反本法规定，从事科学技术活动违反科学技术活动管理规范的，由有关主管部门责令限期改正，并可以追回有关财政性资金，给予警告或者通报批评，暂停拨款、终止或者撤销相关财政性资金支持的科学技术活动；情节严重的，禁止一定期限内承担或者参与财政性资金支持的科学技术活动，取消一定期限内财政性资金支持的科学技术活动管理资格；对直接负责的主管人员和其他直接责任人员依法给予处分。

第一百一十四条　违反本法规定，骗取国家科学技术奖励的，由主管部门依法撤销奖励，追回奖章、证书和奖金等，并依法给予处分。

违反本法规定，提名单位或者个人提供虚假数据、材料，协助他人骗取国家科学技术奖励的，由主管部门给予通报批评；情节严重的，暂停或者取消其提名资格，并依法给予处分。

第一百一十五条　违反本法规定的行为，本法未作行政处罚规定，其他有关法律、行政法规有规定的，依照其规定；造成财产损失或者其他损害的，依法承担民事责任；构成违反治安管理行为的，依法给予治安管理处罚；构成犯罪的，依法追究刑事责任。

第十二章　附　　则

第一百一十六条　涉及国防科学技术进步的其他有关事项，由国务院、中央军事委员会规定。

第一百一十七条　本法自2022年1月1日起施行。

关于《中华人民共和国科学技术进步法（修订草案）》的说明

——2021年8月17日在第十三届全国人民代表大会常务委员会第三十次会议上

全国人大教育科学文化卫生委员会主任委员 李学勇

全国人民代表大会常务委员会：

我受全国人大教育科学文化卫生委员会委托，就修订《中华人民共和国科学技术进步法》作说明。

一、修法的必要性和重要意义

（一）修改科技进步法是贯彻落实以习近平同志为核心的党中央关于科技创新决策部署的重要举措。党的十八大以来，习近平总书记高度重视科技创新工作，对实施创新驱动发展战略、加快科技创新提出一系列新思想新论断新要求。党中央把创新作为一项国策，作出一系列重大决策部署，推动我国科技进步和创新发展取得历史性成就。贯彻习近平总书记关于科技创新的重要论述，落实党中央重大决策部署，深入实施创新驱动发展战略，完善国家创新体系，依靠科技创新支撑引领经济社会发展，加快建设科技强国，需要跟进修改科技进步法，使党的主张成为国家意志和行动，以更好引领促进科技进步与创新发展。

（二）修改科技进步法是立足新发展阶段、贯彻新发展理念、构建新发展格局、推动高质量发展的客观要求。进入新时代新阶段，我国社会主要矛盾转化在科技进步领域的突出表现，是高质量发展需要与科技创新能力不足的矛盾。建设现代化经济体系、满足人民对美好生活的向往、构建新发展格局，都迫切需要科学技术提供有力支撑。通过修改科技进步法，进一步突出科技创新的战略地位，按照"面向世界科技前沿、面向经济主战场、面向国家重大需求、面向人民生命健康"战略方向，加强统筹科技创新体系建设、能力建设和制度建设，运用法治力量不断提高科技创新质量和效率，加快推动新阶段高质量发展。

（三）修改科技进步法是应对百年变局、实现科技自立自强的迫切需要。当今世界百年未有之大变局加速演进，国际环境错综复杂，新一轮科技革命和产业变革突飞猛进，科技创新成为国际战略博弈的主要战场，围绕科技制高点的竞争空前激烈，不稳定性不确定性明显增加，科技创新统筹发展和安全的双重功能越来越凸显。当前，我国经济社会、民生改善、国防建设面临许多需要解决的现实问题。科技领域在创新能力、资源配置、体制机制、科技生态和创新环境等方面与新形势新任务还存在不相适应的地方，原始创新能力迫切需要提升，一些关键核心技术受制于人，激励和保障科技创新创造的体制机制还需要进一步完善。修改科技进步法，就是要从提高自主创新能力、实现高水平科技自立自强上抓关键、补短板、强弱项，健全社会主义市场经济条件下新型举国体制，强化国家战略科技力量，集中力量攻克“卡脖子”技术瓶颈，以体制机制改革创新激发创新创造活力，加快推动我国从科技大国向科技强国的战略性转变。

（四）修改科技进步法是在法治轨道上推进科技治理体系和治理能力现代化的有力保障。1993 年，八届全国人大常委会第二次会议通过了科技进步法。2007 年为适应当时国内外科技发展的形势变化作了重要修改。作为我国科技领域具有基本法性质的法律，科技进步法对保障和促进科学技术健康发展、推动科技创新为经济社会发展服务、提高全民科学素质、建设创新型国家发挥了重要作用。随着我国科技进步和创新发展面临的国内外环境的深刻变化，特别是实现我国全面建设社会主义现代化国家的奋斗目标，迫切需要与时俱进修改科技进步法，促进科技治理体系和治理能力有效提升，以更好适应新时代科技治理的新形势和新要求。

二、修法的总体要求和主要过程

坚持以习近平新时代中国特色社会主义思想为指导，全面贯彻党的十九大和十九届二中、三中、四中、五中全会精神，坚持把科技创新摆在国家发展全局的核心位置，把科技自立自强作为国家发展的战略支撑，聚焦“四个面向”，加快科技创新步伐，完善国家创新体系，深入实施创新驱动发展战略，为建设科技强国提供有力法治保障。

修法过程中，注重把握以下主要原则：一是坚持以党的创新理论为引领。把习近平总书记关于科技创新的重要论述贯穿于修法工作全过程，全面贯彻党中央决策部署，强化创新的核心地位。二是明确修法导向。坚持需求导向和问题导向，立足国家紧迫需要和长远需求，抓关键、补短板、强弱项，调整和完善相关法律制度。三是遵循科学规律。把握科技立法特点，遵循科学研究、创新发展、人才成长、成果转化等规律，建立完善激励保障机制。四是突出改革开放。把科技改革发展中的成功经验和做法上升为法律规范，激发科技创新主体活力，形成支持全面创新的基础制度。五是注重系统观念。处理好继承与创新、局部与整体、当前与长远的关系，做好相关法律法规的统筹衔接。

科技进步法修改是经党中央批准的十三届全国人大常委会立法规划的重要项目。栗战书委员长高度重视、作出重要指示，王晨副委员长主持召开座谈会听取意见、提出工作要求，艾力更·依明巴海、蔡达峰副委员长带队开展调研。2018 年 11 月，全国人大教科文卫委牵头会同科技部等 15 个部门和单位组成修法工作领导小组，并成立起草工作小组，扎实有序推进修法工作。一是加强学习贯彻。认真学习贯彻习近平总书记关于科技创新的重要论述，跟进学习贯彻总书记最新重要讲话精神，全面学习贯彻党的十九届五中全会精神，使修法与“十四五”规划和2035年远景目标紧密衔接、同向同行。二是广泛听取意见。赴地方、科研院所、高校和企业开展实地调研，多次召开座谈会听取科技界、产业界、有关部门、地方人大和科技工作者的意见建议，认真办理全国人大代表的相关议案建议。本届全国人大常委会两次听取审议国务院关于实施创新驱动发展战略和科技进步法实施情况专项报告，近百位常委会组成人员对修法提出了很好的意见和建议。三是深入研究论证。认真梳理修法中的重要问题，专门赴中国科学院、中国工程院、中国科协、国家自然科学基金委和部分高校深入开展研讨交流，召开科技、经济、法律、人文和管理领域专家参加的研究论证会，聚焦重点问题，深入研究论证。同时，开展了对国内外科技创新政策法规的研究，为借鉴经验提供参考。四是密切协作沟通。草案起草过程中，与修法工作领导小组各成员单位多次沟通协调，与有关部门面对面深入交换意见。积极与全国人大宪法法律委、常委会法工委等加强联系沟通，他们前期介入发挥了重要作用。2021年3月30日，全国人大教科文卫委召开第二十八次会议，审议通过了修订草案。4月1日，王晨副委员长主持召开中央深改委民主法制领域改革专项小组会议，听取了教科文卫委关于科技进步法修改情况的汇报。

三、修改的主要内容

本次科技进步法修改，在现行法律八章七十五条的基础上，对法律框架和内容作出部分调整，其中新增“基础研究”、“区域科技创新”、“国际科学技术合作”三章，共计十一章一百零六条。主要修改内容如下：

（一）进一步完善立法宗旨和指导方针

草案强调，坚持中国共产党对科学技术工作的全面领导，坚持新发展理念，坚持科技创新在国家现代化建设全局中的核心地位，坚持建设科技强国的战略目标，体现“四个面向”的战略要求，坚持统筹发展和安全。

（二）加强基础研究、提升原始创新能力

草案增加“基础研究”一章，主要包括：建立基础研究稳定支持的投入机制，提高基础研究经费在全社会研究开发经费总额中的比例，为基础研究发展提供良好的物质条件和有力的制度保障；围绕科学技术前沿、经济社会发展和国家安全重大需求，聚焦重大科学问题，提升科学技术的源头创新能力；鼓励科学技术研究开发机构、高等学校、企业等加强基础研究；完善学科和知识体系布局，支持基础研究基地建设等。

（三）强化国家战略科技力量

为更好发挥我国的制度优势，着力解决制约国家发展和安全的重大难题，草案明确，强化以国家实验室、国家科学技术研究开发机构、高水平研究型大学、科技领军企业为重要组成部分的国家战略科技力量，在事关国家安全和经济社会发展全局的重大科技创新领域设立国家实验室，完善稳定支持机制；推进科研院所、高校和企业科研力量优化配置和资源共享，形成体系化能力。

（四）推动关键核心技术攻关

为积极应对各种风险挑战和突破瓶颈制约，坚决打赢关键核心技术攻坚战，草案规定，完善社会主义市场经济条件下关键核心技术攻关新型举国体制；聚焦国家重大战略任务，推动关键核心技术攻关，实现自主可控；支持基础研究、前沿技术研究和社会公益性技术研究持续、稳定发展；建立和完善科研攻关协调机制，加强重点领域项目、基地、人才、资金一体化配置。

（五）完善和优化国家创新体系

草案规定，国家构建和完善高效、协同、开放的国家创新体系；充分发挥市场配置创新资源的决定性作用，更好发挥政府作用，促进各类创新主体紧密合作、创新要素充分有序流动；提升体系化能力和重点突破能力，增强创新体系整体效能；促进科学技术进步与经济社会发展相结合，建立和完善技术转移转化体系；建立以企业为主体、市场为导向、产学研相结合的技术创新体系。

（六）激发科学技术人员创新创造活力、加强创新人才教育培养

草案总则中，增加了科学技术人员应当受到全社会尊

重的内容，强调创造有利的环境和条件，保障科学技术人员投入科技创新和研究开发活动。草案规定，国家采取多种措施提高科学技术人员的社会地位；建立健全创新人才教育培养机制，完善战略性科技人才储备；实行科学技术人员分类评价制度，突出创新价值、能力、贡献导向；促进科学技术人员的合理畅通有序流动；为青年科学技术人员成长创造环境和条件；鼓励老年科学技术人员在科学技术进步中发挥积极作用；规定每年5月30日为全国科技工作者日。

（七）优化区域创新布局

草案新增“区域科技创新”一章，主要包括：国家采取多种方式支持区域科技创新，县级以上地方各级人民政府应当支持科学技术研究和应用，为促进科技成果转化创造条件；发挥国家高新技术产业开发区、国家自主创新示范区等科技园区的集聚和示范带动效应；建设重大科技创新基地与平台，培育创新创业载体，打造区域科技创新高地；建立区域科技创新合作机制和协同互助机制等。

（八）扩大科学技术开放与合作

草案新增“国际科学技术合作”一章，主要包括：国家促进开放包容、互惠共享的国际科学技术合作与交流，促进国际科技资源开放流动，支持国内外优秀科技人才合作研发，扩大科学技术计划对外开放合作；鼓励在国外工作的科学技术人员回国，吸引外籍科学技术人员到中国从事科学技术研究开发工作，并完善相关社会服务和保障；多种途径建设国际科技创新合作平台。

（九）营造良好创新环境

为加强科研诚信和科技伦理制度建设，草案规定，国家加强科研作风学风建设，建立和完善科研诚信制度和科技监督体系，健全科技伦理治理体制；科学技术研究开发机构应当建立和完善科研诚信、科技伦理管理制度；科学技术人员的科研诚信记录作为评聘、项目审批和奖励的依据；弘扬科学家精神和工匠精神；建立科技伦理委员会，健全审查、评估、监管体系；建立科技项目诚信档案及科研诚信管理信息系统，完善对科学技术活动违规行为的调查、处理机制；禁止危害国家安全、损害公共利益、危害人体健康、违背科研诚信和伦理道德的科学技术研究开发和应用活动，并完善相关法律责任。

为更好发挥科学技术普及对培育和提高全社会科学意识与科学素养的作用，草案规定，科学技术普及是全社会的共同任务，并对开展科学技术普及活动予以鼓励和支持。

为营造鼓励创新、宽容失败的良好氛围，草案对承担科学技术研究开发任务的科技人员和管理人员，在特定情况下予以免责作出了规定。

草案还对部分条款的顺序及文字作了调整修改。

草案及上述说明是否妥当，请审议。

全国人民代表大会宪法和法律委员会关于《中华人民共和国科学技术进步法（修订草案）》审议结果的报告

全国人民代表大会常务委员会：

常委会第三十次会议对科学技术进步法修订草案进行了初次审议。会后，法制工作委员会将修订草案印发中央和国家机关有关部门、部分省级和设区的市人大常委会、基层立法联系点、全国人大代表等征求意见；在中国人大网公布修订草案全文，征求社会公众意见；到海南、福建、浙江、上海调研，听取全国人大代表、地方有关部门、科研机构、高等学校、科技型企业等方面的意见；对常委会审议意见和各方面意见进行认真研究；还就修订草案主要问题与有关方面交换意见，共同研究。宪法和法律委员会于11月11日召开会议，根据委员长会议精神、常委会组成人员审议意见和各方面的意见，对修订草案进行了逐条审议。全国人大教育科学文化卫生委员会、科学技术部、司法部、财政部有关负责同志列席了会议。11月30日，宪法和法律委员会召开会议，再次进行了审议。宪法和法律委员会认为，为贯彻落实习近平总书记关于科技创新重要论述和党中央有关重大决策部署，全面促进科学技术进步，加快实现高水平科技自立自强，建设科技强国，修改科学技术进步法是必要的，修订草案经过审议修改，已经比较成熟。同时，提出以下主要修改意见：

一、贯彻落实习近平总书记对科学技术进步工作新的重要指示，宪法和法律委员会根据常委会组成人员的意见，建议增加规定：支撑实现碳达峰碳中和目标；中长期科学和技术发展规划、科技创新规划应当明确指导方针，发挥战略导向作用，引导和统筹科技发展布局、资源配置和政策制定；国家培育具有影响力和竞争力的科技领军企业，充分发挥科技领军企业的创新带动作用；建立健全以国家实验室为引领、国家重点实验室为支撑的实验室体系。

二、修订草案第七条中规定，超前部署和发展基础研究、前沿技术研究和社会公益性技术研究。有的常委会组成人员提出，超前部署的范围应当集中在重大基础研究、有重大产业应用前景的前沿技术研究和社会公益性技术研究。宪法和法律委员会经研究，建议采纳这一意见。

三、有的常委会组成人员和地方提出，基础研究是科技创新的源头，建议加大基础研究投入力度。宪法和法律委员会经研究，建议增加规定：县级以上地方人民政府合理确定基础研究财政投入；国家引导企业加大基础研究投入，鼓励社会力量通过捐赠、设立基金等方式多渠道投入基础研究；县级以上地方人民政府结合本地区经济社会实际情况和发展需要，可以设立自然科学基金，支持基础研究。

四、有的地方和社会公众建议，加大职务科技成果权属改革力度，促进科技成果转移转化。宪法和法律委员会经研究，建议增加规定：国家实行以增加知识价值为导向的分配政策，按照国家有关规定推进知识产权归属和权益分配机制改革，探索赋予科学技术人员职务科技成果所有权或者长期使用权制度。

五、有的地方和社会公众提出，“融资难”是科技型企业面临的突出难题，建议拓宽融资渠道，充分发挥资本市场促进科技创新的重要作用。宪法和法律委员会经研究，建议增加规定：国家完善科技型企业上市融资制度，畅通科技型企业国内上市融资渠道，发挥资本市场服务科技创新的融资功能。

六、有的常委委员、部门和地方建议，对新型创新主体作出规定，促进其健康有序发展。宪法和法律委员会经研究，建议增加规定：国家支持发展新型研究开发机构等新型创新主体，完善投入主体多元化、管理制度现代化、运行机制市场化、用人机制灵活化的发展模式，引导新型创新主体聚焦科学研究、技术创新和研发服务。

七、有的部门和社会公众提出，科技领军人才等战略人才对实现关键核心技术重大突破具有重要作用，建议对加强战略人才力量建设作出规定。宪法和法律委员会经研究，建议增加规定：国家加快战略人才力量建设，优化科学技术人才队伍结构，完善战略科学家、科技领军人才等创新人才和团队的培养、发现、使用、评价机制，实施人才梯队、科研条件、管理机制等配套政策。

八、修订草案第五十八条第二款中规定，技术开发、技术咨询、技术服务等活动的奖酬金提取，视同科学技术成果转化，依照法律规定办理。有的常委委员和部门建议上述规定与科技成果转化有关规定相衔接。宪法和法律委员会经研究，建议修改为：技术开发、技术咨询、技术服务等活动的奖酬金提取，按照科技成果转化有关规定执行。

九、有的常委委员和地方提出，人才是推动科技创新的关键力量，建议采取有效激励措施，调动广大科学技术人员的积极性。宪法和法律委员会经研究，建议增加规定：国家鼓励科学技术研究开发机构、高等学校、企业等采取股权、期权、分红等方式激励科学技术人员。

十、有的常委委员和社会公众建议，完善相关管理制度，减轻科学技术人员事务性负担，为科学技术人员潜心科研提供服务和保障。宪法和法律委员会经研究，建议增加规定：科学技术行政等有关部门和企业事业单位应当完善科学技术人员管理制度，增强服务意识和保障能力，简化管理流程，避免重复性检查，减轻科学技术人员项目申报、材料报送、经费报销等方面的负担，保障科学技术人员科研时间。

十一、有的常委会组成人员建议，充分重视女性科学技术人员在科学技术进步中的作用，给予女性科学技术人员更多的关切和支持。宪法和法律委员会经研究，建议增加规定：各级人民政府和企业事业单位应当完善女性科学技术人员培养、评价和激励机制，关心孕哺期女性科学技术人员，鼓励女性科学技术人员在科学技术进步中发挥更大作用。

十二、有的常委委员、部门和地方建议，鼓励地方结合国家重大战略和区域定位发挥自身优势，推动区域创新发展。宪法和法律委员会经研究，建议增加规定：国家重大战略区域可以依托区域创新平台，构建利益分享机制，促进人才、技术、资金等要素自由流动，推动科学仪器设备、科技基础设施、科学工程和科技信息资源等开放共享，提高科技成果区域转化效率；国家鼓励地方积极探索区域科技创新模式，尊重区域科技创新集聚规律，因地制宜选择具有区域特色的科技创新发展路径。

十三、有的常委委员和部门建议，对科技统计调查和科技报告制度作出规定，为科技决策提供依据。宪法和法律委员会经研究，建议增加规定：国家建立健全科学技术统计调查制度和国家创新调查制度，掌握国家科学技术活动基本情况，监测和评价国家创新能力；国家建立健全科技报告制度，财政性资金资助的科学技术计划项目的承担者应当按照规定及时提交报告。

十四、有的常委委员和地方提出，修订草案第九章“保障措施”中的禁止性和限制性规定不属于保障措施，建议作优化调整。宪法和法律委员会经研究，建议增加第十章“监督管理”，将修订草案第一章、第九章、第十章中有关具体监管制度的规定移至该章。

此外，还对修订草案作了一些文字修改。

11月26日，法制工作委员会召开会议，邀请部分全国人大代表、科学技术人员和科学技术研究开发机构、高等学校、科技型企业、技术交易市场代表，就修订草案主要制度规范的可行性、出台时机、实施的社会效果和可能出现的问题等进行评估。与会人员普遍认为，为应对百年变局、实现科技自立自强，修法正当其时，意义重大。修订草案贯彻落实以习近平同志为核心的党中央关于科技创新重大决策部署，在基础研究、应用研究与成果转化、区域科技创新、国际科学技术合作等方面增加系列规定。修订草案经过修改，内容更加丰富、措施更加完善，已经比较成熟，建议尽快审议通过。法律颁布实施后，将为全面促进科学技术进步、实现高质量发展提供有力法治保障。与会人员还对修订草案提出了一些具体修改意见，宪法和法律委员会进行了认真研究，对有的意见予以采纳。

修订草案二次审议稿已按上述意见作了修改，宪法和法律委员会建议提请本次常委会会议审议通过。

修订草案二次审议稿和以上报告是否妥当，请审议。

全国人民代表大会宪法和法律委员会

2021年12月20日

全国人民代表大会宪法和法律委员会关于《中华人民共和国科学技术进步法（修订草案二次审议稿）》修改意见的报告

全国人民代表大会常务委员会：

本次常委会会议于12月21日上午对科学技术进步法修订草案二次审议稿进行了分组审议。普遍认为，修订草案已经比较成熟，建议进一步修改后，提请本次常委会会议表决通过。同时，有些常委会组成人员和列席人员还提出了一些修改意见和建议。宪法和法律委员会于12月21日晚召开会议，逐条研究了常委会组成人员和列席人员的审议意见，对修订草案进行了审议。教育科学文化卫生委员会、科学技术部有关负责同志列席了会议。宪法和法律委员会认为，修订草案是可行的，同时，提出以下修改意见：

一、有些常委会组成人员提出，保护人才、用好人才，为人才创造良好环境，是科学技术进步的重要前提，建议强化有关内容。宪法和法律委员会经研究，建议增加规定：一是，国家坚持人才引领发展的战略地位，深化人才发展体制机制改革，全方位培养、引进、用好人才，营造符合科技创新规律和人才成长规律的环境，充分发挥人才第一资源作用。二是，国家营造尊重人才、爱护人才的社会环境，公正平等、竞争择优的制度环境，待遇适当、保障有力的生活环境，为科学技术人员潜心科研创造良好条件。禁止以任何方式和手段不公正对待科学技术人员及其科技成果。三是，利用职权打压、排挤、刁难科学技术人员的，对直接负责的主管人员和其他直接责任人员依法给予处分。

二、修订草案二次审议稿第十七条第二款对科学技术奖励制度作了规定。有的常委委员提出，现有的国家最高科学技术奖等奖项对激励自主创新、激发人才活力、营造崇尚科学风尚发挥了重要作用，建议在法律中予以明确。宪法和法律委员会经研究，建议增加规定“设立国家最高科学技术奖等奖项”。

三、有的常委会组成人员提出，保障人民生命健康是科技创新的重要目标任务，建议在基础研究、应用研究与成果转化中增加相关规定。宪法和法律委员会经研究，建议采纳这一意见。

四、有些常委委员和列席人员提出，基础研究需要足够财力和人才，不宜普遍要求县级以上地方人民政府加强基础研究投入、设立自然科学基金，建议将有关条款中规定的“县级以上地方人民政府”修改为“有条件的地方人民政府”。宪法和法律委员会经研究，建议采纳这一意见。

五、有的常委委员提出，高等学校在基础研究人才培养、学科交叉融合等方面具有突出优势，应当强化高等学校在基础研究领域的重要作用。宪法和法律委员会经研究，建议增加规定：国家支持高等学校加强基础学科建设和基础研究人才培养，增强基础研究自主布局能力，推动高等学校基础研究高质量发展。

六、有的常委委员提出，应当充分保障科学技术人员权益，科学技术人员也应当诚实守信，恪尽职守。宪法和法律委员会经研究，建议增加规定：科学技术人员应当信守工作承诺，履行岗位责任，完成职务或者职称相应工作。

七、有的常委委员提出，科研单位应当按照中央关于加强科技伦理治理的要求，强化科技伦理日常监督管理，防范化解科技活动中的伦理风险。宪法和法律委员会经研究，建议增加规定：科学技术研究开发机构、高等学校、企业事业单位等应当履行科技伦理管理主体责任，按照国家有关规定建立健全科技伦理审查机制，对科学技术活动开展科技伦理审查。

经与有关方面研究，建议将修订后的科学技术进步法的施行时间确定为 2022 年 1 月 1 日。

此外，根据常委会组成人员的审议意见，还对修订草案二次审议稿作了一些文字修改。

修订草案修改稿已按上述意见作了修改，宪法和法律委员会建议本次常委会会议审议通过。

修订草案修改稿和以上报告是否妥当，请审议。

全国人民代表大会宪法和法律委员会

2021 年 12 月 24 日

《中华人民共和国科学技术进步法》新旧对照表[①]

（右栏黑体部分为增加的内容，左栏删除线部分为删除的内容，两栏下划线部分为修改的内容）

目　录	目　录
第一章　总　则 第二章　科学研究、技术开发与科学技术应用 第三章　企业技术进步 第四章　科学技术研究开发机构 第五章　科学技术人员 第六章　保障措施 第七章　法律责任 第八章　附　则	第一章　总　则 第二章　基础研究 第三章　应用研究与成果转化 第四章　企业科技创新 第五章　科学技术研究开发机构 第六章　科学技术人员 **第七章　区域科技创新** **第八章　国际科学技术合作** 第九章　保障措施 **第十章　监督管理** 第十一章　法律责任 第十二章　附　则
第一章　总　则	**第一章　总　则**
第一条　为了促进科学技术进步，发挥科学技术第一生产力的作用，促进科学技术成果向现实生产力转化，推动科学技术为经济建设和	**第一条**　为了**全面**促进科学技术进步，发挥科学技术第一生产力、**创新第一动力、人才第一资源**的作用，促进科技成果向现实生产力转化，

① 以下表格右栏为2021年12月24日第十三届全国人民代表大会常务委员会第三十二次会议修订公布的新《科学技术进步法》；左栏为1993年7月2日第八届全国人民代表大会常务委员会第二次会议通过，2007年12月29日第十届全国人民代表大会常务委员会第三十一次会议修订公布的旧《科学技术进步法》。

社会发展服务，根据宪法，制定本法。	推动科技创新支撑和引领经济社会发展，**全面建设社会主义现代化国家**，根据宪法，制定本法。
第二条 国家坚持科学发展观，实施科教兴国战略，~~实行自主创新、重点跨越、支撑发展、引领未来的科学技术工作指导方针~~，构建国家创新体系，建设创新型国家。	**第二条 坚持中国共产党对科学技术事业的全面领导。** 国家坚持新发展理念，**坚持科技创新在国家现代化建设全局中的核心地位，把科技自立自强作为国家发展的战略支撑**，实施科教兴国战略、**人才强国战略和创新驱动发展战略**，走中国特色自主创新道路，建设科技强国。
第四条 ~~经济建设和社会发展应当依靠科学技术，~~科学技术进步工作应当为经济~~建设和~~社会发展服务。 国家鼓励科学技术研究开发，推动应用科学技术改造传统产业、发展高新技术产业和社会事业。	**第三条** 科学技术进步工作应当**面向世界科技前沿、面向经济主战场、面向国家重大需求、面向人民生命健康**，为促进经济社会发展、**维护国家安全和推动人类可持续发展**服务。 国家鼓励科学技术研究开发，推动应用科学技术改造**提升**传统产业、发展高新技术产业和社会事业，**支撑实现碳达峰碳中和目标，催生新发展动能，实现高质量发展。**
新增条文	**第四条 国家完善高效、协同、开放的国家创新体系，统筹科技创新与制度创新，健全社会主义市场经济条件下新型举国体制，充分发挥市场配置创新资源的决定性作用，更好发挥政府作用，优化科技资源配置，提高资源利用效率，促进各类创新主体紧密合作、创新要素有序流动、创新生态持续优化，提升**

	体系化能力和重点突破能力，增强创新体系整体效能。 **国家构建和强化以国家实验室、国家科学技术研究开发机构、高水平研究型大学、科技领军企业为重要组成部分的国家战略科技力量，在关键领域和重点方向上发挥战略支撑引领作用和重大原始创新效能，服务国家重大战略需要。**
新增条文	**第五条　国家统筹发展和安全，提高科技安全治理能力，健全预防和化解科技安全风险的制度机制，加强科学技术研究、开发与应用活动的安全管理，支持国家安全领域科技创新，增强科技创新支撑国家安全的能力和水平。**
第六条　国家鼓励科学技术研究开发与高等教育、产业发展相结合，鼓励自然科学与人文社会科学交叉融合和相互促进。 国家加强跨地区、跨行业和跨领域的科学技术合作，扶持民族地区、边远地区、贫困地区的科学技术进步。 国家加强军用与民用科学技术~~计划的衔接与~~协调，促进军用与民用科学技术资源、技术开发需求的互通交流和技术双向转移，发展军民两用技术。	**第六条**　国家鼓励科学技术研究开发与高等教育、产业发展相结合，鼓励学科交叉融合和相互促进。 国家加强跨地区、跨行业和跨领域的科学技术合作，扶持**革命老区**、民族地区、边远地区、欠发达地区的科学技术进步。 国家加强军用与民用科学技术协调**发展**，促进军用与民用科学技术资源、技术开发需求的互通交流和技术双向转移，发展军民两用技术。
第十九条第一款　国家遵循科学技术活动服务国家目标与鼓励自由探索相结合的原则，超前部署~~和发展~~基础研究、前沿技术研究和社	**第七条**　国家遵循科学技术活动服务国家目标与鼓励自由探索相结合的原则，超前部署**重大**基础研究、**有重大产业应用前景的**前沿技术

会公益性技术研究，支持基础研究、前沿技术研究和社会公益性技术研究持续、稳定发展。	研究和社会公益性技术研究，支持基础研究、前沿技术研究和社会公益性技术研究持续、稳定发展，**加强原始创新和关键核心技术攻关，加快实现高水平科技自立自强**。
第三条第一款 国家保障科学技术研究开发的自由，鼓励科学探索和技术创新，保护科学技术人员~~的~~合法权益。 **第十九条第二款** 科学技术研究开发机构、高等学校、企业事业组织和公民有权~~依法~~自主选择课题，从事基础研究、前沿技术研究和社会公益性技术研究。	**第八条** 国家保障**开展**科学技术研究开发的自由，鼓励科学探索和技术创新，保护科学技术人员**自由探索等**合法权益。 科学技术研究开发机构、高等学校、企业事业单位和公民有权自主选择课题，**探索未知科学领域**，从事基础研究、前沿技术研究和社会公益性技术研究。
第三条第三款 学校及其他教育机构应当坚持理论联系实际，注重培养受教育者的独立思考能力、实践能力、创新能力，以及追求真理、崇尚创新、实事求是的科学精神。	**第九条** 学校及其他教育机构应当坚持理论联系实际，注重培养受教育者的独立思考能力、实践能力、创新能力**和批判性思维**，以及追求真理、崇尚创新、实事求是的科学精神。 **国家发挥高等学校在科学技术研究中的重要作用，鼓励高等学校开展科学研究、技术开发和社会服务，培养具有社会责任感、创新精神和实践能力的高级专门人才。**
第四十八条 科学技术人员是社会主义现代化建设事业的重要力量。~~国家采取各种措施，~~提高科学技术人员的社会地位~~，通过各种途径，~~培养和造就各种专门的科学技术人才，创造有利的环境和条件，充分发挥科学技术人员的作用。	**第十条** 科学技术人员是社会主义现代化建设事业的重要**人才**力量，应当受到全社会的尊重。 **国家坚持人才引领发展的战略地位，深化人才发展体制机制改革**，全方位培养、引进、用好人才，营造符合科技创新规律和人才成长规律的环境，充分发挥人才第一资源作用。

第五条第二款　国家鼓励机关、企业事业组织、社会团体和公民参与和支持科学技术进步活动。 **第三条第二款**　全社会都应当尊重劳动、尊重知识、尊重人才、尊重创造。	**第十一条**　国家营造有利于科技创新的社会环境，鼓励机关、群团组织、企业事业单位、社会组织和公民参与和支持科学技术进步活动。 全社会都应当尊重劳动、尊重知识、尊重人才、尊重创造，**形成崇尚科学的风尚**。
第五条第一款　国家发展科学技术普及事业，普及科学技术知识，提高全体公民的科学文化素质。	**第十二条**　国家发展科学技术普及事业，普及科学技术知识，**加强科学技术普及基础设施和能力建设**，提高全体公民**特别是青少年**的科学文化素质。 **科学技术普及是全社会的共同责任。国家建立健全科学技术普及激励机制，鼓励科学技术研究开发机构、高等学校、企业事业单位、社会组织、科学技术人员等积极参与和支持科学技术普及活动。**
第七条　国家制定和实施知识产权战略，建立和完善知识产权制度，营造尊重知识产权的社会环境，~~依法~~保护知识产权，激励自主创新。 企业事业组织和科学技术人员应当增强知识产权意识，增强自主创新能力，提高运用、保护和管理知识产权的能力。	**第十三条**　国家制定和实施知识产权战略，建立和完善知识产权制度，营造尊重知识产权的社会环境，保护知识产权，激励自主创新。 企业事业单位、**社会组织**和科学技术人员应当增强知识产权意识，增强自主创新能力，提高**创造**、运用、保护、管理和**服务**知识产权的能力，**提高知识产权质量**。
第八条　国家建立和完善有利于~~自主~~创新的科学技术评价制度。 科学技术评价~~制度~~应当根据不同科学技术活动的特点，按照公平、公正、公开的原则，实行分类评价。	**第十四条**　国家建立和完善有利于创新的科学技术评价制度。 科学技术评价应当坚持公开、公平、公正的原则，**以科技创新质量、贡献、绩效为导向**，根据不同科学技术活动的特点，实行分类评价。

第十条 国务院领导全国科学技术进步工作，制定科学技术发展规划，确定国家科学技术重大项目、与科学技术密切相关的重大项目，保障科学技术进步与经济建设和社会发展相协调。 地方各级人民政府应当采取有效措施，推进科学技术进步。	**第十五条** 国务院领导全国科学技术进步工作，制定**中长期科学和技术发展规划、科技创新规划**，确定国家科学技术重大项目、与科学技术密切相关的重大项目。**中长期科学和技术发展规划、科技创新规划应当明确指导方针，发挥战略导向作用，引导和统筹科技发展布局、资源配置和政策制定。** **县级以上人民政府应当将科学技术进步工作纳入国民经济和社会发展规划**，保障科学技术进步与经济建设和社会发展相协调。 地方各级人民政府应当采取有效措施，**加强对科学技术进步工作的组织和管理，优化科学技术发展环境**，推进科学技术进步。
第十一条 国务院科学技术行政部门负责全国科学技术进步工作的宏观管理和统筹协调；国务院其他有关部门在各自的职责范围内，负责有关的科学技术进步工作。 县级以上地方人民政府科学技术行政部门负责本行政区域的科学技术进步工作；县级以上地方人民政府其他有关部门在各自的职责范围内，负责有关的科学技术进步工作。	**第十六条** 国务院科学技术行政部门负责全国科学技术进步工作的宏观管理、统筹协调、**服务保障和监督实施**；国务院其他有关部门在各自的职责范围内，负责有关的科学技术进步工作。 县级以上地方人民政府科学技术行政部门负责本行政区域的科学技术进步工作；县级以上地方人民政府其他有关部门在各自的职责范围内，负责有关的科学技术进步工作。
第十二条 国家建立科学技术进步工作协调机制，研究科学技术进步工作中的重大问题，协调~~国家科学技术基金和~~国家科学技术计划项	**第十七条** 国家建立科学技术进步工作协调机制，研究科学技术进步工作中的重大问题，协调国家科学技术计划项目的设立及相互衔接，

目的设立及相互衔接，协调~~军用与民用~~科学技术资源配置、科学技术研究开发机构的整合以及科学技术研究开发与高等教育、产业发展相结合等重大事项。	协调科学技术资源配置、科学技术研究开发机构的整合以及科学技术研究开发与高等教育、产业发展相结合等重大事项。
第十五条　国家建立科学技术奖励制度，对在科学技术进步活动中做出重要贡献的组织和个人给予奖励。具体办法由国务院规定。 国家鼓励国内外的组织或者个人设立科学技术奖项，对科学技术进步给予奖励。	**第十八条　每年5月30日为全国科技工作者日。** 国家建立**和完善**科学技术奖励制度，**设立国家最高科学技术奖等奖项，**对在科学技术进步活动中做出重要贡献的组织和个人给予奖励。具体办法由国务院规定。 国家鼓励国内外的组织或者个人设立科学技术奖项，对科学技术进步**活动中做出贡献的组织和个人**给予奖励。
第二章　科学研究、技术开发与科学技术应用	第二章　基础研究
新增条文	**第十九条　国家加强基础研究能力建设，尊重科学发展规律和人才成长规律，强化项目、人才、基地系统布局，为基础研究发展提供良好的物质条件和有力的制度保障。** **国家加强规划和部署，推动基础研究自由探索和目标导向有机结合，围绕科学技术前沿、经济社会发展、国家安全重大需求和人民生命健康，聚焦重大关键技术问题，加强新兴和战略产业等领域基础研究，提升科学技术的源头供给能力。** **国家鼓励科学技术研究开发机构、高等学校、企业等发挥自身优势，加强基础研究，推动原始创新。**

新增条文	第二十条　国家财政建立稳定支持基础研究的投入机制。 国家鼓励有条件的地方人民政府结合本地区经济社会发展需要，合理确定基础研究财政投入，加强对基础研究的支持。 国家引导企业加大基础研究投入，鼓励社会力量通过捐赠、设立基金等方式多渠道投入基础研究，给予财政、金融、税收等政策支持。 逐步提高基础研究经费在全社会科学技术研究开发经费总额中的比例，与创新型国家和科技强国建设要求相适应。
第十六条第一款　国家设立自然科学基金，资助基础研究~~和科学前沿探索~~，<u>培养科学技术人才</u>。	第二十一条　国家设立自然科学基金，资助基础研究，<u>支持人才培养</u>和团队建设。确定国家自然科学基金资助项目，应当坚持宏观引导、自主申请、平等竞争、同行评审、择优支持的原则。 有条件的地方人民政府结合本地区经济社会实际情况和发展需要，可以设立自然科学基金，支持基础研究。
新增条文	第二十二条　国家完善学科布局和知识体系建设，推进学科交叉融合，促进基础研究与应用研究协调发展。
新增条文	第二十三条　国家加大基础研究人才培养力度，强化对基础研究人才的稳定支持，提高基础研究人才队伍质量和水平。 国家建立满足基础研究需要的资

	源配置机制，建立与基础研究相适应的评价体系和激励机制，营造潜心基础研究的良好环境，鼓励和吸引优秀科学技术人员投身基础研究。
新增条文	第二十四条　国家强化基础研究基地建设。 国家完善基础研究的基础条件建设，推进开放共享。
新增条文	第二十五条　国家支持高等学校加强基础学科建设和基础研究人才培养，增强基础研究自主布局能力，推动高等学校基础研究高质量发展。
	第三章　应用研究与成果转化
新增条文	第二十六条　国家鼓励以应用研究带动基础研究，促进基础研究与应用研究、成果转化融通发展。 国家完善共性基础技术供给体系，促进创新链产业链深度融合，保障产业链供应链安全。
新增条文	第二十七条　国家建立和完善科研攻关协调机制，围绕经济社会发展、国家安全重大需求和人民生命健康，加强重点领域项目、人才、基地、资金一体化配置，推动产学研紧密合作，推动关键核心技术自主可控。
新增条文	第二十八条　国家完善关键核心技术攻关举国体制，组织实施体现国家战略需求的科学技术重大任务，系统布局具有前瞻性、战略性的科学技术重大项目，超前部署关键核心技术研发。

新增条文	第二十九条　国家加强面向产业发展需求的共性技术平台和科学技术研究开发机构建设，鼓励地方围绕发展需求建设应用研究科学技术研究开发机构。 国家鼓励科学技术研究开发机构、高等学校加强共性基础技术研究，鼓励以企业为主导，开展面向市场和产业化应用的研究开发活动。
新增条文	第三十条　国家加强科技成果中试、工程化和产业化开发及应用，加快科技成果转化为现实生产力。 利用财政性资金设立的科学技术研究开发机构和高等学校，应当积极促进科技成果转化，加强技术转移机构和人才队伍建设，建立和完善促进科技成果转化制度。
新增条文	第三十一条　国家鼓励企业、科学技术研究开发机构、高等学校和其他组织建立优势互补、分工明确、成果共享、风险共担的合作机制，按照市场机制联合组建研究开发平台、技术创新联盟、创新联合体等，协同推进研究开发与科技成果转化，提高科技成果转移转化成效。
第二十条　利用财政性资金设立的~~科学技术基金项目或者~~科学技术计划项目所形成的<u>发明专利权、计算机软件著作权、集成电路布图设计专有权和植物新品种权</u>，<u>除涉及</u>国家安全、国家利益和重大社会公共利益<u>的外</u>，授权项目承担者依法取得。	第三十二条　利用财政性资金设立的科学技术计划项目所形成的<u>科技成果</u>，<u>在不损害</u>国家安全、国家利益和重大社会公共利益<u>的前提下</u>，授权项目承担者依法取得**相关知识产权，项目承担者可以依法自行投资实施转化、向他人转让、联合他人共同实施转化、许可他人使用**

项目承担者应当依法实施前款规定的知识产权，同时采取保护措施，并就实施和保护情况向项目管理机构提交年度报告；在合理期限内没有实施的，国家可以无偿实施，也可以许可他人有偿实施或者无偿实施。 项目承担者依法取得的本条第一款规定的知识产权，国家为了国家安全、国家利益和重大社会公共利益的需要，可以无偿实施，也可以许可他人有偿实施或者无偿实施。 项目承担者因实施本条第一款规定的知识产权所产生的利益分配，依照有关法律、行政法规的规定执行；法律、行政法规没有规定的，按照约定执行。	**或者作价投资等。** 项目承担者应当依法实施前款规定的知识产权，同时采取保护措施，并就实施和保护情况向项目管理机构提交年度报告；在合理期限内没有实施**且无正当理由**的，国家可以无偿实施，也可以许可他人有偿实施或者无偿实施。 项目承担者依法取得的本条第一款规定的知识产权，为了国家安全、国家利益和重大社会公共利益的需要，国家可以无偿实施，也可以许可他人有偿实施或者无偿实施。 项目承担者因实施本条第一款规定的知识产权所产生的利益分配，依照有关法律法规规定执行；法律法规没有规定的，按照约定执行。
新增条文	**第三十三条　国家实行以增加知识价值为导向的分配政策，按照国家有关规定推进知识产权归属和权益分配机制改革，探索赋予科学技术人员职务科技成果所有权或者长期使用权制度。**
第二十一条　国家鼓励利用财政性资金设立的~~科学技术基金项目或者~~科学技术计划项目所形成的知识产权首先在境内使用。 前款规定的知识产权向境外的组织或者个人转让或者许可境外的组织或者个人独占实施的，应当经项目管理机构批准；法律、行政法规对批准机构另有规定的，依照其规定。	**第三十四条**　国家鼓励利用财政性资金设立的科学技术计划项目所形成的知识产权首先在境内使用。 前款规定的知识产权向境外的组织或者个人转让，或者许可境外的组织或者个人独占实施的，应当经项目管理机构批准；法律、行政法规对批准机构另有规定的，依照其规定。

新增条文	**第三十五条　国家鼓励新技术应用，按照包容审慎原则，推动开展新技术、新产品、新服务、新模式应用试验，为新技术、新产品应用创造条件。**
第二十三条　国家鼓励和支持农业科学技术的~~基础研究和~~应用研究，传播和普及农业科学技术知识，加快农业科学技术成果转化和产业化，促进农业科学技术进步。 县级以上人民政府应当采取措施，支持公益性农业科学技术研究开发机构和农业技术推广机构进行农业新品种、新技术的研究开发和应用。 地方各级人民政府应当鼓励和引导农村群众性科学技术组织为种植业、林业、畜牧业、渔业等的发展提供科学技术服务，对农民进行科学技术培训。	**第三十六条**　国家鼓励和支持农业科学技术的应用研究，传播和普及农业科学技术知识，加快农业科技成果转化和产业化，促进农业科学技术进步，**利用农业科学技术引领乡村振兴和农业农村现代化**。 县级以上人民政府应当采取措施，支持公益性农业科学技术研究开发机构和农业技术推广机构进行农业新品种、新技术的研究开发、应用**和推广**。 地方各级人民政府应当鼓励和引导**农业科学技术服务机构、科技特派员和**农村群众性科学技术组织为种植业、林业、畜牧业、渔业等的发展提供科学技术服务，为农民提供科学技术培训**和指导**。
第二十六条　国家推动科学技术研究开发与产品、服务标准制定相结合，科学技术研究开发与产品设计、制造相结合；引导科学技术研究开发机构、高等学校、企业共同推进国家重大技术创新产品、服务标准的研究、制定和依法采用。	**第三十七条**　国家推动科学技术研究开发与产品、服务标准制定相结合，科学技术研究开发与产品设计、制造相结合；引导科学技术研究开发机构、高等学校、企业**和社会组织**共同推进国家重大技术创新产品、服务标准的研究、制定和依法采用，**参与国际标准制定**。

第二十七条 国家培育和发展技术市场，鼓励创办从事技术评估、技术经纪等活动的中介服务机构，引导建立社会化、专业化和网络化的技术交易服务体系，推动科学技术成果的推广和应用。 技术交易活动应当遵循自愿、平等、互利有偿和诚实信用的原则。	**第三十八条** 国家培育和发展**统一开放、互联互通、竞争有序的**技术市场，鼓励创办从事技术评估、技术经纪**和创新创业服务**等活动的中介服务机构，引导建立社会化、专业化、网络化、**信息化和智能化**的技术交易服务体系**和创新创业服务体系**，推动科技成果的应用和推广。 技术交易活动应当遵循自愿平等、互利有偿和诚实信用的原则。
第三章　企业技术进步	**第四章　企业科技创新**
第三十条 国家建立以企业为主体，以市场为导向，企业同科学技术研究开发机构、高等学校相结合的技术创新体系，引导和扶持企业技术创新活动，发挥企业在技术创新中的主体作用。	**第三十九条** 国家建立以企业为主体，以市场为导向，企业同科学技术研究开发机构、高等学校紧密合作的技术创新体系，引导和扶持企业技术创新活动，**支持企业牵头国家科技攻关任务，**发挥企业在技术创新中的主体作用，**推动企业成为技术创新决策、科研投入、组织科研和成果转化的主体，促进各类创新要素向企业集聚，提高企业技术创新能力。** **国家培育具有影响力和竞争力的科技领军企业，充分发挥科技领军企业的创新带动作用。**
第三十二条 国家鼓励企业开展下列活动： （一）设立内部科学技术研究开发机构； （二）同其他企业或者科学技术研究开发机构、高等学校联合建立科学技术研究开发机构，或者以委托	**第四十条** 国家鼓励企业开展下列活动： （一）设立内部科学技术研究开发机构； （二）同其他企业或者科学技术研究开发机构、高等学校**开展合作研究，**联合建立科学技术研究开发机

等方式开展科学技术研究开发； （三）培养、吸引和使用科学技术人员； （四）同科学技术研究开发机构、高等学校、职业院校或者培训机构联合培养专业技术人才和高技能人才，吸引高等学校毕业生到企业工作； （五）~~依法~~设立博士后工作站； （六）结合技术创新和职工技能培训，开展科学技术普及活动，设立向公众开放的普及科学技术的场馆或者设施。	**构和平台，设立科技企业孵化机构和创新创业平台**，或者以委托等方式开展科学技术研究开发； （三）培养、吸引和使用科学技术人员； （四）同科学技术研究开发机构、高等学校、职业院校或者培训机构联合培养专业技术人才和高技能人才，吸引高等学校毕业生到企业工作； （五）设立博士后工作站**或者流动站**； （六）结合技术创新和职工技能培训，开展科学技术普及活动，设立向公众开放的普及科学技术的场馆或者设施。
第三十三条　国家鼓励企业增加研究开发和技术创新的投入，自主确立研究开发课题，开展技术创新活动。 国家鼓励企业对引进技术进行消化、吸收和再创新。 企业开发新技术、新产品、新工艺发生的研究开发费用可以按照国家有关规定，税前列支并加计扣除，企业科学技术研究开发仪器、设备可以加速折旧。	**第四十一条**　国家鼓励企业**加强原始创新，开展技术合作与交流，**增加研究开发和技术创新的投入，自主确立研究开发课题，开展技术创新活动。 国家鼓励企业对引进技术进行消化、吸收和再创新。 企业开发新技术、新产品、新工艺发生的研究开发费用可以按照国家有关规定，税前列支并加计扣除，企业科学技术研究开发仪器、设备可以加速折旧。
第三十五条　国家完善资本市场，建立健全促进自主创新的机制，支持符合条件的高新技术企业利用资本市场推动自身发展。 国家~~鼓励设立创业投资引导基~~	**第四十二条**　国家完善**多层次**资本市场，建立健全促进科技创新的机制，支持符合条件的科技型企业利用资本市场推动自身发展。 国家**加强引导和政策扶持**，多渠

金，引导社会资金流向创业投资企业，对企业的创业发展给予支持。	道拓宽创业投资资金来源，对企业的创业发展给予支持。 **国家完善科技型企业上市融资制度，畅通科技型企业国内上市融资渠道，发挥资本市场服务科技创新的融资功能。**
第三十六条 下列企业按照国家有关规定享受税收优惠： （一）从事高新技术产品研究开发、生产的企业； （二）投资于中小型高新技术企业的创业投资企业； （三）法律、行政法规规定的与科学技术进步有关的其他企业。	**第四十三条** 下列企业按照国家有关规定享受税收优惠： （一）从事高新技术产品研究开发、生产的企业； （二）科技型中小企业； （三）投资初创科技型企业的创业投资企业； （四）法律、行政法规规定的与科学技术进步有关的其他企业。
第三十七条 国家对公共研究开发平台和科学技术中介服务机构的建设给予支持。 公共研究开发平台和科学技术中介服务机构应当为中小企业的技术创新提供服务。	**第四十四条** 国家对公共研究开发平台和科学技术中介、**创新创业**服务机构的建设**和运营**给予支持。 公共研究开发平台和科学技术中介、**创新创业**服务机构应当为中小企业的技术创新提供服务。
第三十八条 国家~~依法~~保护企业研究开发所取得的知识产权。 企业应当不断提高运用、保护和管理知识产权的能力，增强自主创新能力和市场竞争能力。	**第四十五条** 国家保护企业研究开发所取得的知识产权。企业应当不断提高知识产权质量和效益，增强自主创新能力和市场竞争能力。
第三十九条 国有企业应当建立健全有利于技术创新的分配制度，完善激励约束机制。 国有企业负责人对企业的技术进步负责。对国有企业负责人的业绩考核，应当将企业的创新投入、创	**第四十六条** 国有企业应当建立健全有利于技术创新的**研究开发投入制度**、分配制度**和考核评价制度**，完善激励约束机制。 国有企业负责人对企业的技术进步负责。对国有企业负责人的业绩

新能力建设、创新成效等情况纳入考核的范围。	考核，应当将企业的创新投入、创新能力建设、创新成效等情况纳入考核范围。
第四十条 县级以上地方人民政府及其有关部门应当创造公平竞争的市场环境，推动企业技术进步。 国务院有关部门和省、自治区、直辖市人民政府应当通过制定产业、财政、能源、环境保护等政策，引导、促使企业研究开发新技术、新产品、新工艺，进行技术改造和设备更新，淘汰技术落后的设备、工艺，停止生产技术落后的产品。	**第四十七条** 县级以上地方人民政府及其有关部门应当创造公平竞争的市场环境，推动企业技术进步。 国务院有关部门和省级人民政府应当通过制定产业、财政、**金融、**能源、环境保护**和应对气候变化**等政策，引导、促使企业研究开发新技术、新产品、新工艺，进行技术改造和设备更新，淘汰技术落后的设备、工艺，停止生产技术落后的产品。
第四章 科学技术研究开发机构	**第五章 科学技术研究开发机构**
第四十一条 国家统筹规划科学技术研究开发机构的布局，建立和完善科学技术研究开发体系。	**第四十八条** 国家统筹规划科学技术研究开发机构布局，建立和完善科学技术研究开发体系。 **国家在事关国家安全和经济社会发展全局的重大科技创新领域建设国家实验室，建立健全以国家实验室为引领、全国重点实验室为支撑的实验室体系，完善稳定支持机制。** **利用财政性资金设立的科学技术研究开发机构，应当坚持以国家战略需求为导向，提供公共科技供给和应急科技支撑。**
第四十二条 公民、法人或者其他组织有权依法设立科学技术研究开发机构。国外的组织或者个人可	**第四十九条** 自然人、法人和非法人组织有权依法设立科学技术研究开发机构。境外的组织或者个人

以在中国境内依法独立设立科学技术研究开发机构，也可以与中国境内的组织或者个人~~依法~~联合设立科学技术研究开发机构。 从事基础研究、前沿技术研究、社会公益性技术研究的科学技术研究开发机构，可以利用财政性资金设立。利用财政性资金设立科学技术研究开发机构，应当优化配置，防止重复设置~~；对重复设置的科学技术研究开发机构，应当予以整合~~。 科学技术研究开发机构、高等学校可以~~依法~~设立博士后工作站。科学技术研究开发机构可以依法在国外设立分支机构。	可以在中国境内依法独立设立科学技术研究开发机构，也可以与中国境内的组织或者个人联合设立科学技术研究开发机构。 从事基础研究、前沿技术研究、社会公益性技术研究的科学技术研究开发机构，可以利用财政性资金设立。利用财政性资金设立科学技术研究开发机构，应当优化配置，防止重复设置。 科学技术研究开发机构、高等学校可以设立博士后**流动站或者**工作站。科学技术研究开发机构可以依法在国外设立分支机构。
第四十三条 科学技术研究开发机构享有下列权利： （一）依法组织或者参加学术活动； （二）按照国家有关规定，自主确定科学技术研究开发方向和项目，自主决定经费使用、机构设置和人员聘用及合理流动等内部管理事务； （三）与其他科学技术研究开发机构、高等学校和企业联合开展科学技术研究开发； （四）获得社会捐赠和资助； （五）法律、行政法规规定的其他权利。	**第五十条** 科学技术研究开发机构享有下列权利： （一）依法组织或者参加学术活动； （二）按照国家有关规定，自主确定科学技术研究开发方向和项目，自主决定经费使用、机构设置、**绩效考核及薪酬分配、职称评审、科技成果转化及收益分配、岗位设置**、人员聘用及合理流动等内部管理事务； （三）与其他科学技术研究开发机构、高等学校和企业联合开展科学技术研究开发、**技术咨询、技术服务等活动**； （四）获得社会捐赠和资助； （五）法律、行政法规规定的其他权利。

第四十四条 科学技术研究开发机构应当按照章程~~的~~规定开展科学技术研究开发活动；~~不得在科学技术活动中弄虚作假，~~不得参加、支持迷信活动。 利用财政性资金设立的科学技术研究开发机构开展科学技术研究开发活动，应当为国家目标和社会公共利益服务；有条件的，应当向公众开放普及科学技术的场馆或者设施，开展科学技术普及活动。	**第五十一条** 科学技术研究开发机构应当**依法制定章程**，按照章程规定**的职能定位和业务范围**开展科学技术研究开发活动；**加强科研作风学风建设，建立和完善科研诚信、科技伦理管理制度，遵守科学研究活动管理规范**；不得**组织**、参加、支持迷信活动。 利用财政性资金设立的科学技术研究开发机构开展科学技术研究开发活动，应当为国家目标和社会公共利益服务；有条件的，应当向公众开放普及科学技术的场馆或者设施，**组织**开展科学技术普及活动。
第四十五条 利用财政性资金设立的科学技术研究开发机构应当建立职责明确、评价科学、开放有序、管理规范的现代院所制度，实行院长或者所长负责制，建立科学技术委员会咨询制和职工代表大会监督制等制度，并吸收外部专家参与管理、接受社会监督；院长或者所长的聘用引入竞争机制。	**第五十二条** 利用财政性资金设立的科学技术研究开发机构**，**应当建立职责明确、评价科学、开放有序、管理规范的现代院所制度，实行院长或者所长负责制，建立科学技术委员会咨询制和职工代表大会监督制等制度，并吸收外部专家参与管理、接受社会监督；院长或者所长的聘用引入竞争机制。
新增条文	**第五十三条 国家完善利用财政性资金设立的科学技术研究开发机构的评估制度，评估结果作为机构设立、支持、调整、终止的依据。**
第四十六条 利用财政性资金设立的科学技术研究开发机构，应当建立~~有利于~~科学技术资源共享~~的~~机制，促进科学技术资源的有效利用。	**第五十四条** 利用财政性资金设立的科学技术研究开发机构，应当建立**健全**科学技术资源**开放**共享机制，促进科学技术资源的有效利用。

	国家鼓励社会力量设立的科学技术研究开发机构，在合理范围内实行科学技术资源开放共享。
第四十七条 国家鼓励社会力量自行创办科学技术研究开发机构，保障其合法权益~~不受侵犯~~。 社会力量设立的科学技术研究开发机构有权按照国家有关规定，参与实施和平等竞争利用财政性资金设立的~~科学技术基金项目、~~科学技术计划项目。 社会力量设立的非营利性科学技术研究开发机构~~按照国家有关规定享受~~税收优惠。	**第五十五条** 国家鼓励**企业和其他**社会力量自行创办科学技术研究开发机构，保障其合法权益。 社会力量设立的科学技术研究开发机构有权按照国家有关规定，平等竞争和参与实施利用财政性资金设立的科学技术计划项目。 **国家完善对**社会力量设立的非营利性科学技术研究开发机构税收优惠**制度**。
新增条文	**第五十六条 国家支持发展新型研究开发机构等新型创新主体，完善投入主体多元化、管理制度现代化、运行机制市场化、用人机制灵活化的发展模式，引导新型创新主体聚焦科学研究、技术创新和研发服务。**
第五章 科学技术人员	**第六章 科学技术人员**
第四十八条 ~~科学技术人员是社会主义现代化建设事业的重要力量。~~国家采取各种措施，提高科学技术人员的社会地位，~~通过各种途径，~~培养和造就~~各种~~专门的科学技术人才，~~创造有利的环境和条件，~~充分发挥科学技术人员的作用。	**第五十七条 国家营造尊重人才、爱护人才的社会环境，公正平等、竞争择优的制度环境，待遇适当、保障有力的生活环境，为科学技术人员潜心科研创造良好条件。** 国家采取多种措施，提高科学技术人员的社会地位，培养和造就专门的科学技术人才，**保障科学技术人员投入科技创新和研究开发活动**，充分发挥科学技术人员的作用。**禁止以任何方式和手段不公正对待科学技术人员及其科技成果。**

新增条文	第五十八条　国家加快战略人才力量建设，优化科学技术人才队伍结构，完善战略科学家、科技领军人才等创新人才和团队的培养、发现、引进、使用、评价机制，实施人才梯队、科研条件、管理机制等配套政策。
新增条文	第五十九条　国家完善创新人才教育培养机制，在基础教育中加强科学兴趣培养，在职业教育中加强技术技能人才培养，强化高等教育资源配置与科学技术领域创新人才培养的结合，加强完善战略性科学技术人才储备。
第四十九条　各级人民政府和企业事业组织应当采取措施，提高科学技术人员的工资~~和福利待遇~~；对有突出贡献的科学技术人员给予优厚待遇。	第六十条　各级人民政府、企业事业单位和社会组织应当采取措施，完善体现知识、技术等创新要素价值的收益分配机制，优化收入结构，建立工资稳定增长机制，提高科学技术人员的工资水平；对有突出贡献的科学技术人员给予优厚待遇和荣誉激励。 利用财政性资金设立的科学技术研究开发机构和高等学校的科学技术人员，在履行岗位职责、完成本职工作、不发生利益冲突的前提下，经所在单位同意，可以从事兼职工作获得合法收入。技术开发、技术咨询、技术服务等活动的奖酬金提取，按照科技成果转化有关规定执行。 国家鼓励科学技术研究开发机构、高等学校、企业等采取股权、期权、分红等方式激励科学技术人员。

第五十条 各级人民政府和企业事业组织应当保障科学技术人员接受继续教育的权利，并为科学技术人员的合理流动创造环境和条件，发挥其专长。	**第六十一条** 各级人民政府和企业事业单位应当保障科学技术人员接受继续教育的权利，并为科学技术人员的合理、**畅通、有序**流动创造环境和条件，发挥其专长。
第五十一条 科学技术人员可以根据其学术水平和业务能力~~依法~~选择工作单位、竞聘相应的岗位，取得相应的职务或者职称。	**第六十二条** 科学技术人员可以根据其学术水平和业务能力选择工作单位、竞聘相应的岗位，取得相应的职务或者职称。 **科学技术人员应当信守工作承诺，履行岗位责任，完成职务或者职称相应工作。**
新增条文	**第六十三条 国家实行科学技术人员分类评价制度，对从事不同科学技术活动的人员实行不同的评价标准和方式，突出创新价值、能力、贡献导向，合理确定薪酬待遇、配置学术资源、设置评价周期，形成有利于科学技术人员潜心研究和创新的人才评价体系，激发科学技术人员创新活力。**
新增条文	**第六十四条 科学技术行政等有关部门和企业事业单位应当完善科学技术人员管理制度，增强服务意识和保障能力，简化管理流程，避免重复性检查和评估，减轻科学技术人员项目申报、材料报送、经费报销等方面的负担，保障科学技术人员科研时间。**
第五十二条 科学技术人员在艰苦、边远地区或者恶劣、危险环境中工作，所在单位应当按照国家规	**第六十五条** 科学技术人员在艰苦、边远地区或者恶劣、危险环境中工作，所在单位应当按照国家有

定给予补贴，提供其岗位或者工作场所应有的职业健康卫生保护。	关规定给予补贴，提供其岗位或者工作场所应有的职业健康卫生保护**和安全保障，为其接受继续教育、业务培训等提供便利条件**。
第五十三条　青年科学技术人员、少数民族科学技术人员、女性科学技术人员等在竞聘专业技术职务、参与科学技术评价、承担科学技术研究开发项目、接受继续教育等方面享有平等权利。 发现、培养和使用青年科学技术人员的情况，应当作为评价科学技术进步工作的重要内容。	**第六十六条**　青年科学技术人员、少数民族科学技术人员、女性科学技术人员等在竞聘专业技术职务、参与科学技术评价、承担科学技术研究开发项目、接受继续教育等方面享有平等权利。**鼓励老年科学技术人员在科学技术进步中发挥积极作用。** **各级人民政府和企业事业单位应当为青年科学技术人员成长创造环境和条件，鼓励青年科学技术人员在科技领域勇于探索、敢于尝试，充分发挥青年科学技术人员的作用。**发现、培养和使用青年科学技术人员的情况，应当作为评价科学技术进步工作的重要内容。 **各级人民政府和企业事业单位应当完善女性科学技术人员培养、评价和激励机制，关心孕哺期女性科学技术人员，鼓励和支持女性科学技术人员在科学技术进步中发挥更大作用。**
第五十五条　科学技术人员应当弘扬<u>科学</u>精神，遵守学术规范，恪守职业道德，诚实守信；不得在科学技术活动中弄虚作假，不得参加、支持迷信活动。	**第六十七条**　科学技术人员应当**大力**弘扬**爱国、创新、求实、奉献、协同、育人的**<u>科学家</u>精神，**坚守工匠精神，在各类科学技术活动中**遵守学术**和伦理**规范，恪守职业道德，诚实守信；不得在科学技术活动中弄虚作假，不得参加、支持迷信活动。

第五十六条 国家鼓励科学技术人员自由探索、勇于承担风险。原始记录能够证明承担探索性强、风险高的科学技术研究开发项目的科学技术人员已经履行了勤勉尽责义务仍不能完成该项目的，给予宽容。	**第六十八条** 国家鼓励科学技术人员自由探索、勇于承担风险，**营造鼓励创新、宽容失败的良好氛围**。原始记录**等**能够证明承担探索性强、风险高的科学技术研究开发项目的科学技术人员已经履行了勤勉尽责义务仍不能完成该项目的，予以免责。
第五十七条 ~~利用财政性资金设立的科学技术基金项目、科学技术计划项目的管理机构，应当为参与项目的科学技术人员建立~~学术诚信档案~~，~~作为对科学技术人员聘任专业技术职务或者职称、审批科学技术人员申请科学技术研究开发项目等的依据。	**第六十九条** 科研诚信记录作为对科学技术人员聘任专业技术职务或者职称、审批科学技术人员申请科学技术研究开发项目、**授予科学技术奖励**等的**重要**依据。
第五十八条 科学技术人员有依法创办或者参加科学技术社会团体的权利。 科学技术协会和~~其他~~科学技术社会团体按照章程在促进学术交流、推进学科建设、发展科学技术普及事业、培养专门人才、开展咨询服务、加强科学技术人员自律和维护科学技术人员合法权益等方面发挥作用。 科学技术协会和~~其他~~科学技术社会团体的合法权益受法律保护。	**第七十条** 科学技术人员有依法创办或者参加科学技术社会团体的权利。 科学技术协会和科学技术社会团体按照章程在促进学术交流、推进学科建设、**推动科技创新**、开展科学技术普及活动、培养专门人才、开展咨询服务、加强科学技术人员自律和维护科学技术人员合法权益等方面发挥作用。 科学技术协会和科学技术社会团体的合法权益受法律保护。
	第七章 区域科技创新
新增条文	**第七十一条** **国家统筹科学技术资源区域空间布局，推动中央科学技术资源与地方发展需求紧密衔接，采取多种方式支持区域科技创新。**

新增条文	**第七十二条　县级以上地方人民政府应当支持科学技术研究和应用，为促进科技成果转化创造条件，为推动区域创新发展提供良好的创新环境。**
第三十一条　县级以上人民政府及其有关部门制定的与产业发展相关的科学技术计划，应当体现产业发展的需求。 县级以上人民政府及其有关部门确定科学技术计划项目，应当鼓励企业参与实施和平等竞争；对具有明确市场应用前景的项目，应当鼓励企业联合科学技术研究开发机构、高等学校共同实施。	**第七十三条**　县级以上人民政府及其有关部门制定的与产业发展相关的科学技术计划，应当体现产业发展的需求。 县级以上人民政府及其有关部门确定科学技术计划项目，应当鼓励企业平等竞争和参与实施；对**符合产业发展需求、**具有明确市场应用前景的项目，应当鼓励企业联合科学技术研究开发机构、高等学校共同实施。 **地方重大科学技术计划实施应当与国家科学技术重大任务部署相衔接。**
第二十四条　国务院可以根据需要批准建立国家高新技术产业开发区，并对国家高新技术产业开发区的建设、发展给予引导和扶持，使其形成特色和优势，发挥集聚效应。	**第七十四条**　国务院可以根据需要批准建立国家高新技术产业开发区**、国家自主创新示范区等科技园区**，并对科技园区的建设、发展给予引导和扶持，使其形成特色和优势，发挥集聚**和示范带动**效应。
新增条文	**第七十五条　国家鼓励有条件的县级以上地方人民政府根据国家发展战略和地方发展需要，建设重大科技创新基地与平台，培育创新创业载体，打造区域科技创新高地。** **国家支持有条件的地方建设科技创新中心和综合性科学中心，发挥辐射带动、深化创新改革和参与全球科技合作作用。**

新增条文	**第七十六条　国家建立区域科技创新合作机制和协同互助机制，鼓励地方各级人民政府及其有关部门开展跨区域创新合作，促进各类创新要素合理流动和高效集聚。**
新增条文	**第七十七条　国家重大战略区域可以依托区域创新平台，构建利益分享机制，促进人才、技术、资金等要素自由流动，推动科学仪器设备、科技基础设施、科学工程和科技信息资源等开放共享，提高科技成果区域转化效率。**
新增条文	**第七十八条　国家鼓励地方积极探索区域科技创新模式，尊重区域科技创新集聚规律，因地制宜选择具有区域特色的科技创新发展路径。**
	第八章　国际科学技术合作
新增条文	**第七十九条　国家促进开放包容、互惠共享的国际科学技术合作与交流，支撑构建人类命运共同体。**
第十四条　中华人民共和国政府发展同外国政府、国际组织之间的科学技术合作与交流，鼓励科学技术研究开发机构、高等学校、科学技术人员、科学技术社会团体和企业事业组织~~依法~~开展国际科学技术合作与交流。	**第八十条**　中华人民共和国政府发展同外国政府、国际组织之间的科学技术合作与交流。 **国家**鼓励科学技术研究开发机构、高等学校、科学技术社会团体、企业和科学技术人员**等各类创新主体**开展国际科学技术合作与交流，**积极参与科学研究活动，促进国际科学技术资源开放流动，形成高水平的科技开放合作格局，推动世界科学技术进步。**

~~**第二十二条**　国家鼓励根据国家的产业政策和技术政策引进国外先进技术、装备。~~ ~~利用财政性资金和国有资本引进重大技术、装备的，应当进行技术消化、吸收和再创新。~~	
新增条文	第八十一条　国家鼓励企业事业单位、社会组织通过多种途径建设国际科技创新合作平台，提供国际科技创新合作服务。 鼓励企业事业单位、社会组织和科学技术人员参与和发起国际科学技术组织，增进国际科学技术合作与交流。
新增条文	第八十二条　国家采取多种方式支持国内外优秀科学技术人才合作研发，应对人类面临的共同挑战，探索科学前沿。 国家支持科学技术研究开发机构、高等学校、企业和科学技术人员积极参与和发起组织实施国际大科学计划和大科学工程。 国家完善国际科学技术研究合作中的知识产权保护与科技伦理、安全审查机制。
新增条文	第八十三条　国家扩大科学技术计划对外开放合作，鼓励在华外资企业、外籍科学技术人员等承担和参与科学技术计划项目，完善境外科学技术人员参与国家科学技术计划项目的机制。

第五十四条 国家鼓励在国外工作的科学技术人员回国从事科学技术研究开发工作。利用财政性资金设立的科学技术研究开发机构、高等学校聘用在国外工作的~~杰出~~科学技术人员~~回国~~从事科学技术研究开发工作的，应当为其工作和生活提供方便。 外国的杰出科学技术人员到中国从事科学技术研究开发工作的，按照国家有关规定，可以~~依法~~优先获得在华永久居留权。	**第八十四条** 国家**完善相关社会服务和保障措施**，鼓励在国外工作的科学技术人员回国，**吸引外籍科学技术人员到中国**从事科学技术研究开发工作。 **科学技术研究开发机构及其他科学技术组织可以根据发展需要，聘用境外科学技术人员。**利用财政性资金设立的科学技术研究开发机构、高等学校聘用境外科学技术人员从事科学技术研究开发工作的，应当为其工作和生活提供方便。 外籍杰出科学技术人员到中国从事科学技术研究开发工作的，按照国家有关规定，可以优先获得在华永久居留权**或者取得中国国籍**。
第六章　保障措施	**第九章　保障措施**
第九条 国家加大财政性资金投入，并制定产业、税收、金融、政府采购等政策，鼓励、引导社会资金投入，推动全社会科学技术研究开发经费持续稳定增长。	**第八十五条** 国家加大财政性资金投入，并制定产业、金融、税收、政府采购等政策，鼓励、引导社会资金投入，推动全社会科学技术研究开发经费持续稳定增长。
第五十九条 国家逐步提高科学技术经费投入的总体水平；国家财政用于科学技术经费的增长幅度，应当高于国家财政经常性收入的增长幅度。全社会科学技术研究开发经费应当占国内生产总值适当的比例，并逐步提高。	**第八十六条** 国家逐步提高科学技术经费投入的总体水平；国家财政用于科学技术经费的增长幅度，应当高于国家财政经常性收入的增长幅度。全社会科学技术研究开发经费应当占国内生产总值适当的比例，并逐步提高。
第六十条 财政性科学技术资金应当主要用于下列事项的投入： （一）科学技术基础条件与设施	**第八十七条** 财政性科学技术资金应当主要用于下列事项的投入： （一）科学技术基础条件与设施

建设； （二）基础研究； （三）对经济建设和社会发展具有战略性、基础性、前瞻性作用的前沿技术研究、社会公益性技术研究和重大共性关键技术研究； （四）重大共性关键技术应用和高新技术产业化示范； （五）农业新品种、新技术的研究开发和农业科学技术成果的应用、推广； （六）科学技术普及。 对利用财政性资金设立的科学技术研究开发机构，国家在经费、实验手段等方面给予支持。	建设； （二）基础研究**和前沿交叉学科研究**； （三）对经济建设和社会发展具有战略性、基础性、前瞻性作用的前沿技术研究、社会公益性技术研究和重大共性关键技术研究； （四）重大共性关键技术应用和高新技术产业化示范； **（五）关系生态环境和人民生命健康的科学技术研究开发和成果的应用、推广；** （六）农业新品种、新技术的研究开发和农业科技成果的应用、推广； **（七）科学技术人员的培养、吸引和使用；** （八）科学技术普及。 对利用财政性资金设立的科学技术研究开发机构，国家在经费、实验手段等方面给予支持。
新增条文	**第八十八条　设立国家科学技术计划，应当按照国家需求，聚焦国家重大战略任务，遵循科学研究、技术创新和成果转化规律。** **国家建立科学技术计划协调机制和绩效评估制度，加强专业化管理。**
第十六条第二款、第三款　国家设立~~科技型中小企业创新~~基金，资助中小企业开展技术创新。 国家在必要时可以设立其他基金，资助科学技术进步活动。	**第八十九条**　国家设立基金，资助中小企业开展技术创新，**推动科技成果转化与应用**。 国家在必要时可以设立**支持基础研究、社会公益性技术研究、国际联合研究等方面的**其他**非营利性**基金，资助科学技术进步活动。

第十七条　从事下列活动的，按照国家有关规定享受税收优惠： （一）~~从事~~技术开发、技术转让、技术咨询、技术服务； （二）进口国内不能生产或者性能不能满足需要的科学研究<u>或者</u>技术开发用品； （三）为实施国家重大科学技术专项、国家科学技术计划重大项目，进口国内不能生产的关键设备、原材料或者零部件； <u>（四）</u>法律、国家有关规定规定的其他科学研究、技术开发与科学技术应用活动。	**第九十条**　从事下列活动的，按照国家有关规定享受税收优惠： （一）技术开发、技术转让、**技术许可**、技术咨询、技术服务； （二）进口国内不能生产或者性能不能满足需要的科学研究<u>、</u>技术开发**或者科学技术普及的**用品； （三）为实施国家重大科学技术专项、国家科学技术计划重大项目，进口国内不能生产的关键设备、原材料或者零部件； **（四）科学技术普及场馆、基地等开展面向公众开放的科学技术普及活动；** **（五）捐赠资助开展科学技术活动；** <u>（六）</u>法律、国家有关规定规定的其他科学研究、技术开发与科学技术应用活动。
第二十五条　对境内<u>公民</u>、法人<u>或者其他</u>组织<u>自主创新的</u>产品、服务~~或者国家需要重点扶持的产品、服务~~，在<u>性能、技术</u>等指标能够满足政府采购需求的条件下，政府采购应当购买；首次投放市场的，政府采购应当率先购买。 政府采购的产品尚待研究开发的，采购人应当<u>运用招标</u>方式确定科学技术研究开发机构、高等学校或者企业进行研究开发，<u>并予以订购</u>。	**第九十一条**　对境内<u>自然人</u>、法人<u>和非法人</u>组织<u>的科技创新</u>产品、服务，在<u>功能、质量</u>等指标能够满足政府采购需求的条件下，政府采购应当购买；首次投放市场的，政府采购应当率先购买，**不得以商业业绩为由予以限制**。 政府采购的产品尚待研究开发的，**通过订购方式实施**。采购人应当<u>优先采用竞争性</u>方式确定科学技术研究开发机构、高等学校或者企业进行研究开发，**产品研发合格后**<u>按约定采购</u>。

第十八条 国家鼓励金融机构开展知识产权质押业务，鼓励和引导金融机构在信贷等方面支持科学技术应用和高新技术产业发展，鼓励保险机构根据高新技术产业发展的需要开发保险品种。 ~~政策性金融机构应当在其业务范围内，为科学技术应用和高新技术产业发展优先提供金融服务。~~	**第九十二条** 国家鼓励金融机构开展知识产权质押**融资**业务，鼓励和引导金融机构在信贷**、投资**等方面支持科学技术应用和高新技术产业发展，鼓励保险机构根据高新技术产业发展的需要开发保险品种**，促进新技术应用**。
~~**第三十四条** 国家利用财政性资金设立基金，为企业自主创新与成果产业化贷款提供贴息、担保。~~ ~~政策性金融机构应当在其业务范围内对国家鼓励的企业自主创新项目给予重点支持。~~	
第六十三条 国家遵循统筹规划、优化配置的原则，整合和设置国家科学技术研究实验基地。 国家鼓励设置综合性科学技术实验服务单位，为科学技术研究开发机构、高等学校、企业和科学技术人员提供或者委托他人提供科学技术实验服务。	**第九十三条** 国家遵循统筹规划、优化配置的原则，整合和设置国家科学技术研究实验基地。 国家鼓励设置综合性科学技术实验服务单位，为科学技术研究开发机构、高等学校、企业和科学技术人员提供或者委托他人提供科学技术实验服务。
第六十四条 国家根据科学技术进步的需要，按照统筹规划、突出共享、优化配置、综合集成、政府主导、多方共建的原则，制定购置大型科学仪器、设备的规划，并开展对以财政性资金为主购置的大型科学仪器、设备的联合评议工作。	**第九十四条** 国家根据科学技术进步的需要，按照统筹规划、突出共享、优化配置、综合集成、政府主导、多方共建的原则，统筹购置大型科学仪器、设备，并开展对以财政性资金为主购置的大型科学仪器、设备的联合评议工作。

新增条文	**第九十五条　国家加强学术期刊建设，完善科研论文和科学技术信息交流机制，推动开放科学的发展，促进科学技术交流和传播。**
第六十六条　国家鼓励国内外的组织或者个人捐赠财产、设立科学技术基金，资助科学技术研究开发和科学技术普及。	**第九十六条**　国家鼓励国内外的组织或者个人捐赠财产、设立科学技术基金，资助科学技术研究开发和科学技术普及。
新增条文	**第九十七条　利用财政性资金设立的科学技术研究开发机构、高等学校和企业，在推进科技管理改革、开展科学技术研究开发、实施科技成果转化活动过程中，相关负责人锐意创新探索，出现决策失误、偏差，但尽到合理注意义务和监督管理职责，未牟取非法利益的，免除其决策责任。**
	第十章　监督管理
新增条文	**第九十八条　国家加强科技法治化建设和科研作风学风建设，建立和完善科研诚信制度和科技监督体系，健全科技伦理治理体制，营造良好科技创新环境。**
第十三条　国家完善科学技术决策的规则和程序，建立规范的咨询和决策机制，推进决策的科学化、民主化。 制定科学技术发展规划和重大政策，确定科学技术的重大项目、与科学技术密切相关的重大项目，应当充分听取科学技术人员的意见，实行科学决策。	**第九十九条**　国家完善科学技术决策的规则和程序，建立规范的咨询和决策机制，推进决策的科学化、民主化**和法治化**。 **国家改革完善重大科学技术决策咨询制度。**制定科学技术发展规划和重大政策，确定科学技术重大项目、与科学技术密切相关的重大项目，应当充分听取科学技术人员的

	意见，**发挥智库作用，扩大公众参与，开展科学评估，**实行科学决策。
第六十一条　审计机关、财政部门应当依法对财政性科学技术资金的管理和使用情况进行监督检查。 任何组织或者个人不得虚报、冒领、贪污、挪用、截留财政性科学技术资金。	**第一百条　国家加强财政性科学技术资金绩效管理，提高资金配置效率和使用效益。**财政性科学技术资金的管理和使用情况，应当接受审计机关、财政部门的监督检查。 **科学技术行政等有关部门应当加强对利用财政性资金设立的科学技术计划实施情况的监督，强化科研项目资金协调、评估、监管。** 任何组织和个人不得虚报、冒领、贪污、挪用、截留财政性科学技术资金。
第六十二条　确定利用财政性资金设立的科学技术基金项目，应当坚持宏观引导、自主申请、平等竞争、同行评审、择优支持的原则；确定利用财政性资金设立的科学技术计划项目的项目承担者，应当按照国家有关规定择优确定。 利用财政性资金设立的科学技术基金项目、科学技术计划项目的管理机构，应当建立评审专家库，建立健全科学技术基金项目、科学技术计划项目的专家评审制度和评审专家的遴选、回避、问责制度。	**第一百零一条　国家建立科学技术计划项目分类管理机制，强化对项目实效的考核评价。**利用财政性资金设立的科学技术计划项目，应当坚持问题导向、目标导向、需求导向进行立项，按照国家有关规定择优确定项目承担者。 **国家建立科技管理信息系统，**建立评审专家库，健全科学技术计划项目的专家评审制度和评审专家的遴选、回避、**保密**、问责制度。
第六十五条　国务院科学技术行政部门应当会同国务院有关主管部门，建立科学技术研究基地、科学仪器设备和科学技术文献、科学技术数据、科学技术自然资源、科学	**第一百零二条**　国务院科学技术行政部门应当会同国务院有关主管部门，建立科学技术研究基地、科学仪器设备**等资产**和科学技术文献、科学技术数据、科学技术自然资

技术普及资源等科学技术资源的信息系统，及时向社会公布科学技术资源的分布、使用情况。 科学技术资源的管理单位应当向社会公布所管理的科学技术资源的共享使用制度和使用情况，并根据使用制度安排使用；~~但是，~~法律、行政法规规定应当保密的，依照其规定。 科学技术资源的管理单位不得侵犯科学技术资源使用者的知识产权，并应当按照国家有关规定确定收费标准。管理单位和使用者之间的其他权利义务关系由双方约定。	源、科学技术普及资源等科学技术资源的信息系统**和资源库**，及时向社会公布科学技术资源的分布、使用情况。 科学技术资源的管理单位应当向社会公布所管理的科学技术资源的共享使用制度和使用情况，并根据使用制度安排使用；法律、行政法规规定应当保密的，依照其规定。 科学技术资源的管理单位不得侵犯科学技术资源使用者的知识产权，并应当按照国家有关规定确定收费标准。管理单位和使用者之间的其他权利义务关系由双方约定。
新增条文	**第一百零三条　国家建立科技伦理委员会，完善科技伦理制度规范，加强科技伦理教育和研究，健全审查、评估、监管体系。** **科学技术研究开发机构、高等学校、企业事业单位等应当履行科技伦理管理主体责任，按照国家有关规定建立健全科技伦理审查机制，对科学技术活动开展科技伦理审查。**
新增条文	**第一百零四条　国家加强科研诚信建设，建立科学技术项目诚信档案及科研诚信管理信息系统，坚持预防与惩治并举、自律与监督并重，完善对失信行为的预防、调查、处理机制。** **县级以上地方人民政府和相关行业主管部门采取各种措施加强科研诚信建设，企业事业单位和社会组织应当履行科研诚信管理的主体责任。**

	任何组织和个人不得虚构、伪造科研成果，不得发布、传播虚假科研成果，不得从事学术论文及其实验研究数据、科学技术计划项目申报验收材料等的买卖、代写、代投服务。
新增条文	**第一百零五条　国家建立健全科学技术统计调查制度和国家创新调查制度，掌握国家科学技术活动基本情况，监测和评价国家创新能力。** **国家建立健全科技报告制度，财政性资金资助的科学技术计划项目的承担者应当按照规定及时提交报告。**
第二十八条　国家实行科学技术保密制度，保护涉及国家安全和利益的科学技术秘密。 国家实行珍贵、稀有、濒危的生物种质资源、遗传资源等科学技术资源出境管理制度。	**第一百零六条**　国家实行科学技术保密制度，**加强科学技术保密能力建设，**保护涉及国家安全和利益的科学技术秘密。 国家**依法**实行重要的生物种质资源、遗传资源、**数据资源**等科学技术资源**和关键核心技术**出境管理制度。
第二十九条　国家禁止危害国家安全、损害社会公共利益、危害人体健康、违反伦理道德的科学技术研究开发活动。	**第一百零七条**　禁止危害国家安全、损害社会公共利益、危害人体健康、违背科研诚信和科技伦理的科学技术研究开发**和应用**活动。 **从事科学技术活动，应当遵守科学技术活动管理规范。对严重违反科学技术活动管理规范的组织和个人，由科学技术行政等有关部门记入科研诚信严重失信行为数据库。**

第七章　法律责任	第十一章　法律责任
第七十二条　违反本法规定，科学技术行政等有关部门及其工作人员滥用职权、玩忽职守、徇私舞弊的，对直接负责的主管人员和其他直接责任人员依法给予处分。	**第一百零八条**　违反本法规定，科学技术行政等有关部门及其工作人员，**以及其他依法履行公职的人员**滥用职权、玩忽职守、徇私舞弊的，对直接负责的主管人员和其他直接责任人员依法给予处分。
第六十九条　违反本法规定，滥用职权，限制、压制科学技术研究开发活动的，对直接负责的主管人员和其他直接责任人员依法给予处分。	**第一百零九条**　违反本法规定，滥用职权**阻挠**、限制、压制科学技术研究开发活动，**或者利用职权打压、排挤、刁难科学技术人员的**，对直接负责的主管人员和其他直接责任人员依法给予处分。
第六十七条　违反本法规定，虚报、冒领、贪污、挪用、截留用于科学技术进步的财政性资金，依照有关财政违法行为处罚处分的规定责令改正，追回有关财政性资金和违法所得，依法给予行政处罚；对直接负责的主管人员和其他直接责任人员依法给予处分。	**第一百一十条**　违反本法规定，虚报、冒领、贪污、挪用、截留用于科学技术进步的财政性资金**或者社会捐赠资金的**，由有关主管部门责令改正，追回有关财政性资金，**责令退还捐赠资金**，给予警告或者通报批评，**并可以暂停拨款，终止或者撤销相关科学技术活动；情节严重的，依法处以罚款，禁止一定期限内承担或者参与财政性资金支持的科学技术活动**；对直接负责的主管人员和其他直接责任人员依法给予**行政处罚和**处分。
第六十八条　违反本法规定，利用财政性资金和国有资本购置大型科学仪器、设备后，不履行大型科学仪器、设备等科学技术资源共享使用义务的，由有关主管部门责令改正，对直接负责的主管人员和其	**第一百一十一条**　违反本法规定，利用财政性资金和国有资本购置大型科学仪器、设备后，不履行大型科学仪器、设备等科学技术资源共享使用义务的，由有关主管部门责令改正，**给予警告或者通报批评，**

他直接责任人员依法给予处分。	对直接负责的主管人员和其他直接责任人员依法给予处分。
第七十条　~~违反本法规定，抄袭、剽窃他人科学技术成果，或者在科学技术活动中弄虚作假的，由科学技术人员所在单位或者单位主管机关责令改正，对直接负责的主管人员和其他直接责任人员依法给予处分；获得用于科学技术进步的财政性资金或者有违法所得的，由有关主管部门追回财政性资金和违法所得；情节严重的，由所在单位或者单位主管机关向社会公布其违法行为，禁止其在一定期限内申请国家科学技术基金项目和国家科学技术计划项目~~。	第一百一十二条　违反本法规定，进行危害国家安全、损害社会公共利益、危害人体健康、违背科研诚信和科技伦理的科学技术研究开发和应用活动的，由科学技术人员所在单位或者有关主管部门责令改正；获得用于科学技术进步的财政性资金或者有违法所得的，由有关主管部门终止或者撤销相关科学技术活动，追回财政性资金，没收违法所得；情节严重的，由有关主管部门向社会公布其违法行为，依法给予行政处罚和处分，禁止一定期限内承担或者参与财政性资金支持的科学技术活动、申请相关科学技术活动行政许可；对直接负责的主管人员和其他直接责任人员依法给予行政处罚和处分。 违反本法规定，虚构、伪造科研成果，发布、传播虚假科研成果，或者从事学术论文及其实验研究数据、科学技术计划项目申报验收材料等的买卖、代写、代投服务的，由有关主管部门给予警告或者通报批评，处以罚款；有违法所得的，没收违法所得；情节严重的，吊销许可证件。
新增条文	第一百一十三条　违反本法规定，从事科学技术活动违反科学技术活动管理规范的，由有关主管部门责令限期改正，并可以追回有关财政性资金，给予警告或者通报批评，

	暂停拨款、终止或者撤销相关财政性资金支持的科学技术活动；情节严重的，禁止一定期限内承担或者参与财政性资金支持的科学技术活动，取消一定期限内财政性资金支持的科学技术活动管理资格；对直接负责的主管人员和其他直接责任人员依法给予处分。
第七十一条　违反本法规定，骗取国家科学技术奖励的，由主管部门依法撤销奖励，追回奖金，并依法给予处分。 违反本法规定，推荐的单位或者个人提供虚假数据、材料，协助他人骗取国家科学技术奖励的，由主管部门给予通报批评；情节严重的，暂停或者取消其推荐资格，并依法给予处分。	**第一百一十四条**　违反本法规定，骗取国家科学技术奖励的，由主管部门依法撤销奖励，追回**奖章、证书和**奖金**等**，并依法给予处分。 违反本法规定，提名单位或者个人提供虚假数据、材料，协助他人骗取国家科学技术奖励的，由主管部门给予通报批评；情节严重的，暂停或者取消其提名资格，并依法给予处分。
第七十三条　违反本法规定，其他法律、法规规定行政处罚的，依照其规定；造成财产损失或者其他损害的，依法承担民事责任；构成犯罪的，依法追究刑事责任。	**第一百一十五条**　违反本法规定**的行为**，本法未作行政处罚规定，其他有关法律、行政法规有规定的，依照其规定；造成财产损失或者其他损害的，依法承担民事责任；**构成违反治安管理行为的，依法给予治安管理处罚**；构成犯罪的，依法追究刑事责任。
第八章　附　则	**第十二章　附　则**
第七十四条　涉及国防科学技术的其他有关事项，由国务院、中央军事委员会规定。	**第一百一十六条**　涉及国防科学技术**进步**的其他有关事项，由国务院、中央军事委员会规定。
第七十五条　本法自2008年7月1日起施行。	**第一百一十七条**　本法自2022年1月1日起施行。